글로벌 셀러와 무역

GLOBAL
SELLER

백연
MAEK
LEARN

인터넷의 등장 이후 전자상거래는 우리 생활에서 일상이 된 지 오래다. 공동구매, 해외직구, 구매대행 등의 용어는 이제 더 이상 낯설지 않다. 국제 거래가 상호간의 이해관계로 인해 복잡하고 다양한 커뮤니케이션 방법을 통해 진행되고 있음에도 우리는 너무 쉽게 웹사이트를 통해 필요한 물품을 구매하고, 판매하고 있다.

WTO, FTA 등 자유무역을 추구하는 국제기구와 통상협정 등으로 인해 글로벌 시장에서 국경 문제는 더 이상 큰 문제가 되지 않는다. 오히려 이러한 글로벌 시대를 적극적으로 활용하며 성장을 추구할 수 있는 방법을 탐색하는 것이 중요한 문제로 대두되고 있다. 인터넷이 야기한 이러한 환경변화는 더 이상 이용자로서 인터넷을 활용하는 것이 아니라 수익을 창출하는 참여자로 인터넷을 바라볼 것을 요구하고 있다.

그러나 학습영역의 광범위함과 관련분야의 전문용어로 인해 학습초기에 의욕을 상실한 경우를 많이 접하다 보니 접근하기 쉬운 교재의 필요성을 인식하게 되었다. 본 저서인 「글로벌셀러와 무역」은 국제무역을 바라보는 기초적인 관점을 제시하고 있다. 온라인과 오프라인을 아우르는 학습영역을 제시하고, 해외시장조사 단계부터 사후관리에 관한 광범위한 무역 영역을 포함하고 있다. 그럼에도 본서는 쉬운 문장과 용어를 사용하여 누구나 접근 가능하도록 구성하였다.

더불어 무역에 대한 기초적인 지식을 조금 더 업그레이드 할 수 있도록 '부록 : 기초무역용어사전'을 두어 무역을 전공으로 삼는 학생들에게 도움을 주고자 하였다.

당초 의도와 목적에 따라 원고정리를 하였으나, 광대한 학습영역을 선별하고 정리하는 데 다소 미비하였음을 자인하지 않을 수 없고, 구성과 서술에 있어서도 지속적인 보완이 필요하다고 사료된다. 이에 대해서는 학계의 선배님과 동료 그리고 독자들의 고견을 기대하면서 추후 개정판을 통해 수정과 보완을 할 것임을 약속드린다.

2019. 8. 저자 씀

CONTENTS

제 **1** 장
글로벌 셀러와 무역의 개관

제1절 글로벌 셀러와 무역의 개념

1. 글로벌 셀러의 개념

21C 접어들면서 인터넷을 이용한 다양한 상거래 활동은 지리적 제약을 뛰어넘어 글로벌 시장을 대상으로 활발히 진행되고 있다. 기존의 전자상거래는 Cross-Border e-Commerce, Global e-taling 등으로 확장되어 국제적인 매매 및 교환행위를 강조한다. 더욱이 인터넷의 범용성 증대로 오프라인 무역에서 온라인 무역까지 무역의 영역이 넓어졌으며, 무역분야의 용어들도 새롭게 만들어졌다. 해외직구, 배송대행, 공동구매, 해외구매대행, 플랫폼 등이 새로운 환경의 Cross-Border e-Commerce에 등장한 용어들이다.

인터넷을 이용하여 국경을 넘나들며 수입과 수출을 하는 개인 무역 상인을 뜻하는 글로벌 셀러는 국제무역의 새로운 주인공으로 대두되고 있다. 기존의 무역이 기업중심으로 이루어졌다면, 글로벌 셀러는 1인 기업으로, 개인의 니즈와 욕구를 기반으로 국제무역의 성장을 견인하고 있다.

2. 무역의 개념

인간은 재화(goods)와 용역(service)의 생산과 소비, 그리고 매매와 교환활동을 통하여 경제생활을 영위하고 있다. 각 국가마다 환경적, 사회적 제약 등을 극복하여 보다 효율적으로 필요한 물품의 공급과 수요를 해결하려는 욕구가 있다.

무역은 서로 다른 국가에 존재하는 매도인(공급자, 수출업자)과 매수인(수요자, 수입업자) 간 매매계약을 통해 물품과 대금결제를 행하는 국제적인 교환행위를 뜻한다. 무역이라는 용어는 외국과의 사이에 이루어지는 대외거래를 의미한다고 하여 외국무역(foreign trade) 또는 대외무역(overseas trade)이라고도 부르며, 세계의 국가가 국제상거래에 참여한다는 의미에서 국제무역(international trade) 또는 세계무역(world trade)이라 혼용하여 표현되고 있다.

제2절 글로벌 셀러와 무역의 특징

1. 글로벌 셀러의 특징

(1) 구매대행 서비스

구매대행 서비스란 인터넷을 기반으로 글로벌 셀러가 일정한 수수료를 받고 구매자를 대신하여 상품을 주문하여 구매한 후 구매자에게 전달하는 서비스를 말한다.

Cross-Border e-Commerce를 이용하는 구매자들은 해당 웹사이트에서 결제, 배송, 언어 등 다양한 문제에 직면한다. 구매대행 서비스를 비즈니스 모델로 하는 글로벌 셀러는 이러한 구매자의 불편을 해소하고 정확하고 안전한 구매대행을 통해 수익을 창출하고 있다.

(2) 배송대행 서비스

배송대행 서비스란 글로벌 셀러가 일정한 수수료를 받고 소비자가 직접 결제한 상품을 판매업체를 대신하여 소비자에게 배송을 대행해 주는 서비스를 말한다.

Cross-Border e-Commerce에서 구매한 물품이 해외배송이 어려울 경우, 현지 지인들을 통한 간접 배송이 어려울 경우, 구매 물품의 배송비용이 비싼 경우, 여러 쇼핑몰에서 구매한 물품을 한번에 받고 싶은 경우 등 문제점을 해결할 수 있도록 배송대행을 통해 수익을 창출하고 있다.

(3) 플랫폼 서비스

플랫폼 서비스란 Cross-Border e-Commerce에서 소비자가 직접 구매하면 해당 사이트에서 배송서비스까지 제공하는 완성형 서비스를 말한다. 또한 플랫폼은 글로벌 비즈니스에서 다수의 사용자들에게 시스템을 개방함으로써 참여자 모두에게 새로운 가치와 혜택을 제공해줄 수 있는 e-Commerce 시스템을 의미하기도 한다.

글로벌 셀러는 이러한 플랫폼 서비스를 통해 Cross-Border e-Commerce의 영역을 확장하고 있으며, 개인이 가지고 있는 참신한 아이디어와 독특한 제품을 유통할 수 있는 창구로 활용하고 있다.

2. 무역의 특징

(1) 해상 의존성

무역거래는 공간적으로 서로 다른 국가에 이루어지는 거래이므로 국내거래와는 달리 국제적인 물품운송이 매우 중요하다. 즉, 무역거래는 주로 바다를 통한 해상운송을 매개로 하여 발전되어 왔기 때문에 섬나라이든 대륙국가이든 간에 무역의 해상의존도가 매우 높게 나타나고 있다.

(2) 기업의 거래 위험성

무역거래는 다른 국가와의 거래이므로 언어, 법률, 사회제도 및 제반환경이 서로 다르다. 또한 지리적인 거리감과 사용하는 화폐단위, 정치적인 환경 등이 서로 다르다. 이를 무역거래에서는 각각 운송위험(transportation risks), 신용위험(credit risks), 환위험(exchange risks), 비상위험(contingency risks) 등으로 표현하고 있으며, 무역을 하는 기업은 항상 다양한 거래 위험에 노출되어 있다.

(3) 고도의 산업연관성

무역거래는 단순히 국가 간 물품이동만을 추구하지 않는다. 다양한 산업의 국제분업을 통하여 국제적 공급 및 수요를 충족시킬 뿐만 아니라 무역 당사국의 국내산업을 육성·발전시켜 국민경제의 수준을 향상시켜 준다.

즉, 무역거래의 증대는 산업 발달을 견인하며 경쟁력 있는 물품의 국제적 공급 및 유통을 원활히 한다. 또한 산업발달을 통한 대량생산과 고용향상을 통하여 무역거래에 참여하는 각국의 국민경제를 발전시켜 준다.

(4) 국제 상관습성

무역거래는 거래 당사자 간 상호 이익을 추구하면서 성장하고 있다. 그러나 국가마다 존재하는 상이한 환경은 국제무역을 저해하는 요인으로 다양한 무역분쟁을 야기하고 있다. 무역거래 당사자들은 자신의 상관습을 중시하는 경향이 있으므로 분쟁이 발생되었을 때 준거법의 적용문제가 발생한다. 따라서 당사자들은 분쟁을 최소화 하기 위해 국제적인 상관습을 정형화한 거래조건을 만들어 사용하고 있다.

이러한 정형화된 상관습은 인코텀즈(Incoterms), 신용장 통일규칙(UCP) 등 국제규칙(international rules)으로 발전하였으며, 이들 국제규칙들은 국제관습법의 역할로 활용되고 있다.

제3절 국제무역의 발전 및 연구범위

1. 무역학의 생성

무역이 발생하게 된 원인은 다양하다. 서로 다른 국가 사이에서 이루어지는 매매·교환의 원인으로 자연적 조건과 사회적 조건의 차이를 지적하는 학자도 있으며, 기술발전의 격차로 인한 생산비 차이로 인한 원인을 제시하는 학자도 있다.

우리나라는 지난 1962년을 기점으로 경제개발 5개년 계획을 통한 수출지향적 공업화 전략을 수립하고 실행하였다. 한강의 기적으로 대변되는 우리나라의 경제는 무역과 함께 성장하였다. 더욱이 우리나라 경제의 무역중심적 특성은 필연적으로 무역학의 생성을 가져오게 하였다.

무역학은 무역에 대한 실무 분야, 글로벌 국가와의 관계를 위한 무역정책 분야, 무역기업의 해외시장 개척과 확장을 위한 국제경영 분야, 무역의 발생원인과 효용을 탐색하는 무역이론 분야 등 다양한 분야로 구성되어 있다.

2. 무역학의 학문적 체계

무역학은 상호 이익을 목적으로 다른 나라와 재화와 용역을 교환하는 거래행위를 연구한다. 또한 무역학은 다양한 산업과 환경, 국제통상 분야 등 실무적 학문으로서 경제, 경영, 국제관계 그리고 국제통상과 밀접한 관련을 맺고 있다. 즉, 무역학의 영역은 이론적인 측면뿐만 아니라 실무적인 측면을 함께 연구하는 복합적인 성격을 띠고 있다.

무역학의 학문적 체계는 일반적으로 다섯 가지로 분류할 수 있다.

첫째, 무역에 관한 이론적 체계를 연구하는 국제무역론 분야다. 이는 서로 다른 국가 간 물품의 교류가 이루어지는 근본적인 원리를 탐구한다.

둘째, 무역에 대한 글로벌 정책을 연구하는 무역정책론 분야다. 이는 FTA, 통상협정, 보호무역과 자유무역 등 국가의 대외 무역에 대한 정책적 방향을 탐구한다.

셋째, 무역기업의 글로벌 경영을 연구하는 무역경영론 분야다. 이는 기업의 해외시장조사, 국제마케팅, 해외직접투자 등을 탐구한다.

넷째, 무역에 대한 규범적 측면과 관습적 측면을 연구하는 국제매매론 분야다. 이는 무역에 대한 법학적, 관습적인 측면을 통해 무역관습과 매매이론을 탐구한다.

다섯째, 무역 고유의 특수한 환경과 최근 대두된 전자무역을 연구하는 무역실무 분야다. 이는 무역관 관련한 운송, 결제, 보험, 통관 등 상학적 측면과 전자적 형태의 무체물을 대상으로 탐구한다.

 # 강의 노트

학 과 :

이 름 :

연락처 :

제1장 글로벌 셀러와 무역의 개관

1. 무역의 3가지 성격을 설명하시오.

2. 무역의 혜택을 설명하시오.

3. 무역의존도를 설명하시오.

제 **2** 장

국제무역이론 둘러보기

제1절 국제무역이론의 과제와 발전

1. 국제무역이론의 과제

이론이란 특정 현상을 논리적으로 일반화한 체계를 말한다. 국제무역이론은 국제무역에서 발생하는 다양한 현상을 논리적으로 설명하고자 예측할 수 있도록 일반화한 체계를 의미한다. 다시 말하면, 국제무역이론은 기본적인 과제 즉, 무역이 왜 이루어지며, 무엇을 서로 교환하며, 무역을 통해 어떤 이득이 발생하는가에 대한 논리적인 설명을 제시한다. 아담 스미스, 헥셔-오린, 린더 등 많은 학자들이 이런 문제의 답을 나름의 논리로 제시하였으며, 지금도 새로운 국제무역이론들이 계속해서 발표되고 있다.

국제무역이론들이 나오게 된 배경과 규명된 결과는 학자마다 서로 다르다. 분명한 것은 국가 간에 무역이 이루어지고 있는 것은 각국이 무역을 행함으로써 이익을 얻고 있기 때문이라는 것이다. 또한 국제무역에서 나타난 문제들을 해결하기 위한 학자들의 노력은 다양한 이론으로 정립되어 세계경제의 성장과 후생 증대를 위한 도구로 활용되고 있다.

2. 국제무역이론의 발전

아담 스미스(A. Smith)가 국제분업론을 통해 자유무역의 효용성을 주창한 이래 국제무역을 통한 경제성장을 설명하려 했던 학자들의 노력은 계속되었다. 특히 산업자본주의의 생성 이후 현재까지 국제무역이론은 발전을 거듭하였다.

국제무역이론은 고전무역이론, 근대무역이론, 현대무역이론 등으로 발전시기를 구분할 수 있다. 먼저 고전무역이론은 아담 스미스의 절대생산비설부터 시작하여 리카도(D. Ricardo)의 비교생산비설로 정립되었다. 고전파 무역이론은 노동을 유일한 생산요소로 보고 국가 간 노동생산성의 차이를 무역발생의 원인으로 본다. 다만, 재화(Goods)의 상대가격 결정과 국가별 생산비의 차이를 설명하지 못하는 한계를 보이고 있다.

두 번째 시기인 근대무역이론은 고전파 무역이론을 잇는 하벌러(G. Haberler)의 기회비용설과 가격현상과 국가 간 요소부존의 차이에 근거한 일반균형이론을 사용하여 무역현상을 해명하고자 하는 헥셔-오린(Heskscher-Ohlin)정리라는 두 가지 큰 흐름으로 구분되고 있다. 그러나 급속한 산업경제의 발전에 대해서 헥셔-오린 정리 등 근대무역이론에 의해서는 설명이 불가능한 부분들이 나타났으며, 이러한 점을 해결하기 위한 보완적이거나 대안적인 설명이 필요하게 되었다.

세 번째 시기인 현대무역이론은 근대무역이론과는 매우 다른 관점으로 무역의 발생 원인을 규명하였다. 예를 들면, 사회수요의 절대적 요소측면을 강조한 린더(S. B. Linder)의 대체수요이론, 재화의 연구개발요소를 중시한 버논(R. Vernon)의 제품수명주기론, 기술요인의 동태적 특화를 고려한 포스너(M. V. Posner)의 기술격차이론 등이 있다.

이처럼 국제무역이론은 시대와 환경의 변화, 그리고 현실을 반영하며 끊임없이 발전을 거듭해 왔다. 그럼에도 불구하고 리카도(D. Ricardo)에서 시작하여 헥셔 - 오린으로 이어지는 전통적 무역이론은 비록 단순한 모형으로 이론체계를 형성하고 있지만 아직도 국제무역이론의 주축을 이루고 있다.

제2절 고전무역이론

1. 절대우위론

아담 스미스(A. Smith)는 「국부론」에서 국제분업론을 통해 국제무역의 필연성을 설명하였다. 만일 외국에서 어떤 상품을 우리나라에서 만드는 것보다 싸게 공급할 수 있다면, 우리나라도 외국에 비하여 익숙한 산업부문의 상품을 싸게 공급할 수 있을 것이다. 이때 외국과 우리나라는 서로 싸게 생산한 상품을 교환함으로써 직접 생산하는 것보다 더 큰 이득을 갖게 되는 것이다.

즉, 자급자족보다는 상호 간 저렴하게 생산할 수 있는 상품에 집중하여 거래하는 것이 이득이 된다. 예를 들면, 우리나라에서도 포도주를 만들 수 있지만 칠레보다 비싸게 생산되므로 오히려 국내에서는 칠레보다 저렴하게 생산하는 옷감으로 상품을 만들어 칠레의 포도주와 교환하는 것이 이득이 될 수 있다는 것이다. 이와 같은 교역은 공업국과 농업국 간 또는 열대지방과 온대지방 사이에서 이루어지는 무역에서 쉽게 볼 수 있다.

아담 스미스는 재화 생산비가 상대국가보다 절대적으로 저렴한 것을 절대우위(absolute advantage)가 있다고 하였다. 한 나라가 다른 나라보다 생산에 있어서 절대우위가 있는 재화 생산에 집중하는 것을 특화(specialization)라고 하며, 특화된 재화를 수출한다. 즉, 양 국가의 생산비의 절대적 차이 때문에 국제무역이 발생한다는 것이다. 이것을 절대우위론(Theory of Absolute Advantage) 또는 절대생산비설(Theory of Absolute Cost)이라 한다.

그러나 한 국가가 상호 교역하는 두 상품 모두 절대우위가 있다면 계속 수출만 하게 되며, 다른 국가는 수입만 하게 된다. 그러나 현실에서는 이런 일방적인 관계는 없다. 즉, 절대적인 생산비의 차이만으로는 국제무역을 설명할 수가 없기 때문에 새로운 이론이 필요하게 되었다.

2. 비교우위론

절대우위론만으로는 설명하기 어려운 국제무역의 원인을 비교우위(comparative advantage)라는 새로운 관점으로 제시한 학자가 바로 리카도(D. Ricardo)다. 그는 절대적으로 생산비가 저렴한 국가라고 해도 두 재화를 생산하기 위한 상대적 가격차가 존재하며, 이러한 상대적 가격차에 의해 다른 국가와의 비교우위가 발생한다는 것이다. 즉, 노동력의 국제적 이동을 제한한 가정으로 인해 다른 국가에 비해 상대적으로 저렴하게 생산할 수 있는 재화는 비교우위를 갖게 되며, 그 재화에 특화하여 수출하고, 상대적으로 비싸게 생산하는 재화는 비교열위를 갖게 되며, 그 재화는 수입하게 된다.

이것을 리카도(D. Ricardo)의 비교우위론(Theory of Comparative Advantage) 또는 비교생산비설(Theory of Comparative Cost)이라 한다.

그러나 비교우위론은 무역행위에 수반되는 운송비, 사람들의 직업 선택의 경직성, 유치산업의 보호 등 비교우위가 사라질 수 있는 현실적인 문제점이 많아 한계를 가지고 있다.

3. 상호수요설

밀(J. S. Mill)은 리카도가 비교우위론에서 규명하지 못한 교역상품의 교역조건과 교역당사국에 대한 무역이익의 배분비율을 밝혔다. 그는 국제무역에서 제품의 교환비율은 그 제품에 대한 각 국가의 수요 크기에 따라 결정된다는 상호수요설(Theory of Reciprocal Demand)을 주창하였다. 즉, 두 교역상품의 국제교환 비율은 비교생산비의 상한과 하한, 즉 두 교역당사국의 국내교환비율 사이에서 교역상품에 대한 양국의 수요가 일치하는 점에서 결정된다.

또한, 밀은 상호수요에 의해 결정된 교역조건에 의해 교역당사국의 이익 배분이 이루어진다고 하였다. 더불어 교역조건에 영향을 줄 수 있는 요인으로 수요의 탄력성도 함께 제시하였다. 즉, 그에 의하면 상대국 상품에 대한 자국의 수요의 탄력성이 크면 자국의 교역조건이 불리하지만, 그 반대의 경우에서는 교역조건이 자국에 유리하다는 점을 밝혔다.

제3절 근대무역이론

1. 헥셔-오린 정리의 개념과 기본 가정

1930년대에 스웨덴의 경제학자 헥셔(E. Heckscher)와 그의 제자 오린(B. Ohlin)은 기존의 비교우위론의 미비점을 보완하면서 자유무역이론을 집대성하였다.

기존의 비교우위론은 비교우위의 원인이 생산비 차이에 있다는 것을 설명하고 있지만 그 생산비 차이가 왜 발생하는가에 대해서는 아무런 설명도 하지 못하였다. 이에 헥셔와 오린은 두 나라간 생산요소 부존량에 차이가 나면 상품생산에 투입된 요소집약도에 차이가 나기 때문에 생산비 차이가 발생한다고 보았다.

즉, 비교우위의 원인이 생산요소 부존량 차이와 요소집약도의 차이에 있다고 보는 무역이론이 바로 헥셔-오린 정리(Heckscher-Ohlin Theorem)이며, 기본 가정은 다음과 같다.

① 2국 - 2재화 - 2요소의 무역모형을 사용한다.
② 두 나라의 생산기술은 같다.
③ 생산은 규모에 대한 수확불변이다.
④ 두 재화는 동질적인 생산요소를 갖는다.
⑤ 완전경쟁 시장이다.
⑥ 생산요소는 역전되지 않는다.
⑦ 완전고용이며, 두 나라 사이에 생산요소의 이동은 불가능하다.
⑧ 자유무역을 한다.

2. 헥셔-오린 정리의 명제

(1) 요소부존 이론(제1명제)

헥셔-오린 정리의 제1명제인 요소부존이론은 국가 간에 생산요소의 부존 상태가 각각 다르고 또한 각 생산물에 투입되는 생산요소의 비율에 차이가 있기 때문에 국가 간 비교생산비 차가 발생한다는 것이다.

예를 들어 미국과 한국, 두 나라가 두 생산요소(노동과과 자본)를 투입하여 두 가지 재화를 생산한다고 가정한다. 또한 미국은 자본이 상대적으로 풍부한 나라이고, 한국은 노동이 풍부한 나라라고 가정한다.

그렇다면 미국에서는 자본이 풍부하기 때문에 자본을 많이 사용하는 재화에 비교우위를 가지며 그 재화에 특화함으로써 수출하게 된다. 노동은 상대적으로 부족하기 때문에 노동이 많이 투입되는 재화는 가격이 비싸 생산이 줄어들게 됨으로써 수입하게 된다.

반대로 한국에서는 노동이 풍부하기 때문에 노동을 많이 사용하는 재화에 비교우위를 가지며 그 재화에 특화함으로써 수출하게 된다. 자본은 상대적으로 부족하기 때문에 자본이 많이 투입되는 재화는 가격이 비싸 생산이 줄어들게 됨으로써 수입하게 된다.

한국	노동풍부	저임금 → 노동집약적 상품생산에 비교우위 → 노동집약적 상품생산에 특화 → 노동집약적 상품의 수출
	자본희소	고이자 → 자본집약적 상품생산에 비교열위 → 자본집약적 상품생산의 축소 → 자본집약적 상품의 수입

미국	자본풍부	저이자 → 자본집약적 상품생산에 비교우위 → 자본집약적 상품생산에 특화 → 자본집약적 상품의 수출
	노동희소	고임금 → 노동집약적 상품생산에 비교열위 → 노동집약적 상품생산의 축소 → 노동집약적 상품의 수입

(2) 요소가격 균등화 정리(제2명제)

요소부존 이론에 따라서 수출과 수입이 이루어지면, 미국에서는 저렴한 자본의 수요가 상대적으로 증가되고 비싼 노동의 수요는 감소된다. 그 결과 자본의 가격은 오르고 노동의 가격은 떨어지게 되어 두 생산요소의 가격은 점차 균등화되는 경향을 보이게 된다.

한국에서는 저렴한 노동의 수요가 상대적으로 증가하고 비싼 자본의 수요는 감소한다. 그 결과 노동의 가격은 오르고 자본의 가격은 떨어지게 되어 두 생산요소의 가격은 점차 균등화되는 경향을 보이게 된다.

이처럼 요소가격 균등화 정리는 생산요소의 국제적 이동을 가정하지 않더라고 무역의 자유화로 말미암아 생산요소의 가격은 균등화되는 경향이 있다는 것이다.

한국	노동집약적 상품생산에 특화 → 노동에 대한 수요 증가 → 임금의 상승
	자본집약적 상품생산에 축소 → 자본에 대한 수요 감소 → 이자의 하락

미국	자본집약적 상품생산에 특화 → 자본에 대한 수요 증가 → 이자의 상승
	노동집약적 상품생산의 축소 → 노동에 대한 수요 감소 → 임금의 하락

3. 레온티에프의 역설

레온티에프(W. Leontief)는 1947년도 미국 산업연관표를 이용하여 헥셔-오린 정리의 제1명제를 검증하였다. 그 결과 미국은 헥셔-오린 정리와는 정반대의 결론에 도달하였다. 헥셔-오린 정리에 근거해 볼 때, 원래 자본량이 상대적으로 풍부하다고 생각되는 미국에서 수출상품이 수입품에 비해 더 자본집약적이어야 한다. 그러나 레온티에프의 연구결과는 오히려 수출품에서의 자본투입비율이 수입품보다 상대적으로 낮은 것으로 나타났다. 즉 레온티에프의 연구결과에 따르면 미국의 수출품은 노동집약재이고 수입품이 오히려 자본집약재인 것을 의미한다.

이러한 결과는 헥셔-오린 정리에 배치된다고 해서 레온티에프의 역설(Leontief's paradox)이라고 한다.

제4절 현대무역이론

1. 대표수요 이론

린더(S. B. Linder)가 제시한 대표수요이론(Representative Demand Theory)은 수요구조에 중점을 두어 무역패턴을 설명하려는 이론이다. 그에 따르면 어떤 상품이 수출상품이 되기 위해서는 그 상품이 국내 생산품이어야 하고 이에 대한 충분한 국내수요가 있어야 한다는 것이다.

1차 산품과 공산품 간의 무역패턴은 헥셔-오린 정리로 설명할 수 있지만 공산품 상호간의 무역패턴은 수요측면에서 그 요인을 찾아야 한다. 즉, 수출품으로 해외시장에 등장하기 이전에 그 상품에 대한 상당한 정도의 국내수요가 선행되어야 한다는 것이다. 이 상당한 크기의 국내수요를 린더는 대체적 수요라고 하였다. 그러므로 수출상품으로서의 가능성은 대체적 수요에 의해 결정된다는 것이다.

2. 제품수명주기이론

버논(R. Vernon)이 제시한 제품수명주기이론은 제품사이클(product cycle) 또는 제품라이프사이클(product-life cycle) 이론이라고도 하는데, 제품도 생명체처럼 새로운 제품이 등장해서 소멸하는 과정을 도입기, 성장기, 성숙기, 쇠퇴기 등 4단계로 나누고 각 단계에서의 교역패턴을 설명하고 있다.

이들 각 단계의 특징에 따라 살펴보면 다음과 같다.

(1) 도입기(new phase stage)

새로운 제품(또는 서비스)이 소개되고 시장에 적응하기 위해 점차 개선되어 간다. 따라서 생산은 아직 기술적으로 불안정하고 수요도 불확실한 상태이다. 이 단계에서는 기술 선도국에서 선진공업국 및 저개발국으로 수출이 이루어진다.

(2) 성장기(growing stage)

생산 및 판매량이 급속히 증가하는 고도 성장기에 이르면 대량 생산과 대량 판매방식이 도입된다. 다른 산업에서 이 산업으로 전입하려는 기업이 발생하여 경쟁이 심하게 된다. 기술 선도국과 선진공업국간의 수출경쟁에서 선진공업국이 우세해지기 시작한다.

(3) 성숙기(mature stage)

시간적으로 가장 오래 지속되는 단계로서 안정적인 시장점유율을 확보하고 성장기에 투자했던 자금을 회수한다. 제품은 표준화가 되어 미숙련 노동으로 생산이 가능하게 된다. 따라서 가격경쟁의 심화로 저개발국이 저임금을 통한 비교우위를 갖게 되어 제품을 수출하게 된다.

(4) 쇠퇴기(decline stage)

기존 제품의 매출감소를 대체하기 위해 또 다른 신제품이나 대체품이 등장한다. 기술 선도국에서는 관련 제품 생산의 철수 또는 업종다각화를 위한 전략수립이 필요하다.

3. 기술격차이론

기술격차이론(Technology Gap Theory)은 포스너(M. V. posner)와 호프바우어(G. C. Haufbauer) 등에 의해 전개되었다. 이들에 따르면 기술선진국이 신제품의 창조자로서 신기술을 개발한 나라는 그 산업의 상품을 독점적으로 생산하여 수출할 수 있으나 일정기간이 지나면 기술 모방국의 기술모방과 저임금으로 인한 비교우위의 역전이 나타난다고 하였다. 즉, 기술선진국과 모방국 사이에 존재하는 기술격차를 무역의 원인으로 설명하였다.

 강의 노트

학 과 :

이 름 :

연락처 :

제2장 국제무역이론 둘러보기

1. 하벌러(G. Haberler)가 주장한 기회비용설을 설명하시오.

2. 고전적 무역이론과 근대적 무역이론의 차이점을 설명하시오.

3. 무역이론이 제시해야 할 3가지 기본 과제에 대해 설명하시오.

제1절 Cross-Border

1. Cross-Border의 태동

우리나라에서는 1992년 한국무역정보통신(KTNET)이 설립된 이후 1999년 「전자상거래기본법」과 「전자서명법」이 시행까지 지속적인 전자상거래 관련 시장이 확대되었다.

전자상거래는 거래주체에 따라 기업과 소비자간(B2C: Business to Customer), 기업간(B2B: Business to Business), 기업과 정부간(B2G: Business to Government), 소비자간(C2C: Customer to Customer) 전자상거래 등으로 구분하고 있으며, 구글 등 온라인 검색기술과 국제 운송 시스템의 발달로 인해 Cross-Border 전자상거래가 점차 증가하고 있다.

Cross-Border e-Commerce는 기존의 전자상거래를 지칭하는 새로운 용어로, 국경을 넘나들며 온라인 플랫폼을 통해 외국 소비자들과 매매행위를 하는 것을 의미한다. 이는 온라인 검색기술 및 개인 간 국제 결제 수단(Paypal 등)의 발달에 힘입어 글로벌셀러가 해외 소비자에게 직접 수출이 가능하도록 기존의 무역형태의 패러다임을 바꾸어 놓았다.

미국과 유럽의 기업들, 아시아의 선도적인 기업들은 Cross-Border e-Commerce를 활용하여 해외 소비자들로부터 상당한 수익을 거두고 있으며, 자사 홈페이지 및 플랫폼을 통해 외국어 제품 정보, 최종 목적지까지의 물류 비용 정보 등 다양한 서비스를 제공고 있다.

2. Cross-Border 플랫폼

Cross-Border 플랫폼은 기존의 전자무역 플랫폼과 유사한 개념으로 사용된다. 다만, 1인 기업으로 국제무역을 주도하는 글로벌셀러를 강조할 경우 Cross-Border 플랫폼이란 용어가 더 적합하다.

기존의 플랫폼은 인터넷 환경을 기반으로 무역업체들이 시공간의 제약없이 해외시장조사, 계약, 결제, 운송 등 모든 무역업무 프로세스를 일원화 창구로 처리할 수 있는 서비스를 제공하고 있다. 더욱이 무역 기업들 상호 간에 글로벌 네트워크 형성과 협업을 통한 상거래를 할 수 있도록 e-Marketplace 등 열린 공간의 역할을 수행한다.

Cross-Border 플랫폼은 이런 기존 무역플랫폼의 서비스를 그대로 수행하며, 보안서비스, 커뮤니티 서비스, 결제서비스, 구매 및 배송 서비스 등을 강화함으로써 국제무역의 성장을 주도하고 있다.

제2절 Cross-Border 결제

1. 알리페이

알리페이(Alipay)는 대표적인 중국의 전자결제 시스템으로, 2003년 알리바바 그룹에 의해 출범하여, 타오바오(Taobao), 티몰(Tmall) 사이트, 온오프라인 마켓, 온라인 게임 등에서도 사용 가능한 결제수단이다.

알리페이는 이용자 개인의 자금을 온라인 상의 전자지갑에 충전하여 구매에 사용하는 '전자화폐' 시스템으로, 이용자의 결제행위를 제3자 담보형식의 결제방식으로 서비스를 제공하며 거래의 안정성을 보장하고 있다.

알리페이의 장점으로는 자금 충전 시 신용카드, 직불카드, 은행계좌, 스마트폰 등 다양한 방법이 활용되고 있다. 또한 상품 구매뿐만 아니라 금융업무까지 처리할 수 있다.

2. 페이팔

페이팔(Paypal)은 전자상거래를 사용하는 판매자, 경매 사이트(ebay 등) 그리고 다른 상용 사용자들을 위한 결제 처리 시스템으로 운영된다.

페이팔은 거래 파트너에게 자신의 은행 계좌번호나 신용카드 번호 등 개인정보의 노출 없이 클릭 한 번으로 송금 처리가 가능한 서비스를 제공하며, 송금받는 사람들에게는 일정한 거래취급 수수료를 소액 청구하는 수익모델을 가지고 있다.

페이팔 계정은 퍼스널(Personal) 계정과 비즈니스(Business) 계정으로 구분된다. 주로 일상적인 온라인에서 거래 또는 소액 송금의 경우라면 퍼스널 계정을 이용할 수 있다. 그러나 페이팔 이용의 주목적이 물품매매라면 비즈니스 계정을 사용하는 것이 유리하다. 비즈니스 계정은 진행하는 비즈니스 이름 또는 회사 이름으로 설정할 수 있으며, 다수의 직원들이 동일한 계정에 접근할 수 있는 기증이 갖추어져 있다.

3. 페이오니아

페이오니아(Payoneer)는 빠르고 저렴한 결제 솔루션과 간편한 해외송금 서비스를 제공하고 있다. 에어비앤비(숙박업체), 게티이미지(사진플랫폼) 등 Cross-Border 결제뿐만 아니라 일반적인 거래의 결제대금까지 페이오니아의 가상계좌를 통해 수령이 가능하다.

페이오니아의 외화 수령계좌는 USD, EUR, CAD 등 다양한 글로벌 통화 송금이 가능하도록 되어 있으며, 사용자가 원하는 통화로 한국의 계좌이체가 가능해 한국시장에 비교적 안정적으로 자리메김하고 있다.

페이오니아 결제는 Cross-Border 상에서 판매한 글로벌셀러의 수익금을 정산받고, 그 판매 대금을 국내통장으로 송금해주고 있어 글로벌 마켓플레이스에 입점한 셀러들에게 많이 사용되고 있다.

제3절 글로벌셀러의 아이템

1. 수출상품 선정

글로벌셀러로서 수출상품 아이템을 선정할 때는 상품의 적합성, 시장확보 가능성 그리고 현실적인 거래가능성을 기준으로 살펴봐야 한다.

수출상품을 선정한다는 것은 자신이 거래하는 물품을 이해한다는 것을 의미한다. 국제무역에서 거래되는 상품을 이해할 때는 두 가지를 유의할 필요가 있다. 첫째, 수출하려는 상품과 관련한 품목별 무역규제 여부를 파악해야 한다. 이는 취급 상품의 HS 코드번호, 수입국의 수입규제 사항, 수입국의 상관습, 거래관행 및 무역정책에 대한 이해가 필요하다. 둘째, 수출상품과 관련한 품목별 수출동향을 파악해야 한다. 이는 수출상품과 관련한 품목의 수출실적, 수입국가의 수입량, 수입업체의 수입국 시장점유율 등에 대한 이해가 필요하다. 다음에 나오는 다섯 가지 아이템 선정 포인트를 살펴 성공적인 글로벌셀러가 되자.

① 자신이 잘 아는 분야나 잘 아는 아이템을 1차적으로 공략하자.
② 무게와 포장을 고려한 배송 방법이 용이한 제품이 좋다.
③ 판매 회전이 좋고 지속적으로 성장하는 아이템을 찾자.
④ 가격 경쟁력과 품질 경쟁력을 확보한 제품이 좋다.
⑤ 공급이 용이하고 재고 부담이 적은 제품을 선택하자.

2. 아이템 차별화 전략

아이템 차별화 전략이란 글로벌셀러가 특정한 시장에서 강한 정체성을 확립하기 위하여 사용하는 마케팅 전략의 하나를 말한다. 즉, 차별화 전략은 경쟁 상품과 자사 상품과의 사이에 뚜렷한 차별을 두고, 그 우위성(디자인, 가격, 편리성 등)을 소비자에게 전달함으로써 시장 점유율을 확대해 가려는 것을 말한다.

글로벌셀러 아이템의 차별화를 위해서는 다양한 상품, 가격차별화, 그리고 그에 맞는 충분한 상품설명 등을 갖출 필요가 있다.

글로벌셀러가 다양한 상품을 판매한다면 그만큼 고객이 물건을 선택할 수 있는 가능성의 폭이 넓어진다. Cross-Border를 활용한 판매시장은 유통관리를 통해 많은 상품을 판매할 수 있는 환경이 구축되어 있다.

더불어 가격차별화를 활용할 필요가 있다. 가격차별화란 동일 상품에 대한 구매에 있어서 각 구매자에 따라서 뿐만 아니라 같은 구매자에게도 조건에 따라 각기 다른 가격으로 판매되는 것을 말한다.

이러한 가격차별화 전략으로 고가전략, 이익극대화 전략, 저가전략 등이 있다. 이를 살펴보면, 고가전략은 첨단제품에 적합한 가격전략으로 소량판매를 통한 이윤추구가 목적이다. 이익극대화 전략은 브랜드 중심으로 구성함으로써 안정적인 판매를 추구하며, 저가전략은 공산품을 대상으로 박리다매를 통한 이윤추구가 목적이다.

소비자 측면에서 상품을 구매할 경우, 오프라인 시장에서는 구입하고자 하는 상품을 직접 만져볼 수가 있다. 하지만 Cross-Border e-Commerce 상황에서는 불가능하다. 이러한 차이를 극복하기 위한 전략도 수립해야 한다. 예를 들면, 상품을 시각적으로 볼 수 있도록 멀티미디어 기술을 이용하여 고객에게 상품에 대한 정보를 최대한 제공할 필요가 있다. 또한 고객이 배송된 물품을 받아 봤을 때 해당 물품이 구매 계약한 물품과 다르다면 판매자는 이에 대한 환불 및 교환은 물론이며, 실수에 대한 보상이 요구된다.

 **강의 노트**

학 과 :

이 름 :

연락처 :

제3장 글로벌셀러가 만든 세계

1. Cross-border를 활용한 쇼핑빈도를 설명하시오.

2. e-Bay를 통한 수출의 장점을 설명하시오.

3. 미래 무역의 특징에 대해 설명하시오.

제 **4** 장

글로벌 통상환경 이해하기

제1절 국제통상의 환경

1. 국제통상의 의미

국제통상은 국가 간 경제활동과 이에 수반하는 제 문제를 대상으로 하는 정부의 활동을 의미한다. 즉, 국가 간 경제관계에 작용하는 여러 제약조건들을 제거하고, 교역확대를 위한 다양한 활동을 수립하고 실행하는 과정을 국제통상이라 한다.

글로벌 환경에서 개별 국가는 자국내의 경제주권을 통해 경제정책을 수립하고 실행하며, 대외적인 경제활동에 대해서도 통제권을 가지고 개입한다. 또한 유형적 상품 거래와 자본, 서비스, 지적재산권 등 유·무형의 재화거래뿐만 아니라 노동의 국제적 이동까지 포함하는 광범위한 활동을 수행하고 있다.

1990년대 이후 세계 경제질서는 글로벌화(Globalization) 혹은 세계화되고 있다. 세계화에 대한 정의는 다각적으로 해석될 수 있으나, 일반적으로 '국경의 개념으로 나누어졌던 시장들이 전세계적으로 하나의 시장으로 통합하는 것'을 의미한다.

이러한 의미에서 세계화는 국제화(Internationalization)와도 비교되는데, 국제화가 한 국가에 있던 기업이 다른 국가로 진출한다는 것을 뜻하는 반면, 세계화는 국경에 따른 시장구분의 의미 자체가 없어져 전세계 시장을 하나의 시장으로 보는 것을 의미한다.

2. 국제통상기구

(1) IMF(International Monetary Fund)

국제통화기금(IMF)은 제 2차 세계대전이 끝나던 1944년 7월 미국 뉴햄프셔주의 브렌튼우즈(BrettonWoods)에서 국제통화 질서를 바로잡기 위한 노력의 결과로 탄생하였으며, 설립목적은 안정적인 세계무역의 확대를 통하여 가맹국의 고용증대와 소득증대 및 생산자원개발에 기여하는 것이다.

국제통화기금의 가맹국은 IMF의 목적을 달성하기 위하여 외환제한을 철폐할 의무가 있다. 이를 위해 경상적 지불에 대한 외환제한 철폐, 차별적인 통과조치의 철폐, 외국인 자국통화의 보유 잔액의 교환성 보장 등을 담보하여야 한다.

(2) IBRD(International Bank for Reconstruction and Development)

국제부흥개발은행(IBRD) 은 일명 세계은행(World Bank)이라고도 하며 1994년 브레튼우즈협정에 따라 유엔의 전문기관으로서 전후 각국의 전쟁피해 복구와 개발을 위해 설립되었다. IBRD는 초기에는 주로 전후 복구자금 융자를 주된 기능으로 하였으나, 미국의 유럽국가의 부흥을 위한 마샬플랜 발표 이후에는 개발도상국에 대한 장기 개발자금 융자로 그 기능을 전환하였다. 또한 IBRD는 개발도상국의 개발정책 수립과 기술지원 등의 업무를 통해 국제 무역의 확대와 국제수지의 균형을 도모한다.

(3) OECD(Organization for Economic Cooperation and Development)

WTO와 함께 국제경제 질서 형성과 유지에 큰 역할을 하고 있는 경제기구로 1961년 9월에 설립되었다.

OECD는 회원국이 제한되어 있기는 하지만 막강한 경제력을 보유하고 있는 대부분의 선진 국을 포함하고 있기 때문에 세계경제에 주는 영향력은 WTO보다 크다. 더불어 주로 통상 문제에 국한되어 있는 WTO와 달리 OECD는 회원국의 경제성장과 고용 등 거시경제 문제에 관심을 가지고 경제의 흐름을 분석·평가하며, 회원국가 간 경제정책 조화를 모색하고 있다.

(4) UNCTAD(United Nations Conference on Trade and Development)

GATT에 의한 무역장벽의 철폐는 선진국에는 유리하지만 저개발국에는 불리하였다. 이에 저개발국들은 북반구에 있는 선진국들과의 대립되는 경제문제를 해결하고자 1964년에 「UN무역개발회의」를 창립하였다.

UNCTAD는 주로 지구의 남반구에 있는 저개발국들이 주동이 되어 선진국들의 저개발국 무상원조 또는 장기저리 원조를 주장하고, 선진국들의 저개발국 상품에 대한 수입관세 철 폐 또는 경감시키는 특혜관세제도 실시를 주장하였다.

제2절 지역경제통합

1. 지역경제통합의 의의

경제통합(Economic Integration)이란 한 지역 내의 여러 국가들이 국가들 상호간에 존재하는 관세 및 비관세장벽을 철폐하여 재화·서비스·생산요소 등이 국가 간 자유롭게 이동하도록 보장하는 협정을 말한다.

이러한 경제통합이 이루어지고 있는 이유는 WTO 체제하에서 회원국 전체가 동시에 각종 무역장벽을 철폐하는 데에는 상당한 시간과 노력이 소요되기 때문에 일단 합의하기 쉬운 국가들끼리 우선 지역경제통합을 선행함으로써 자유무역을 실행하는 데 있다.

즉, 경제통합이 일어나는 이유는 지리적으로 가까운 국가들이 GATT나 WTO체제보다 빠른 속도로 무역장벽을 철폐함으로써 상품과 서비스 생산요소의 자유로운 이동을 통해서 자유 무역의 경제적인 효과를 극대화하는 데 목적이 있다.

2. 지역경제통합의 단계

경제통합은 하나의 과정(Pocess)이며, 각 단계가 진행됨에 따라 경제통합의 범위가 넓어진다.

(1) 자유무역지역(Free Trade Area / 자유무역협정: Free Trade Agreement)

자유무역지역(자유무역협정)은 경제통합의 가장 기본적인 형태로 정치나 경제적으로 밀접한 관계가 있는 2개 이상의 국가가 통합하여 자유무역을 추진하기 위해 무역장벽을 철폐하는 것을 말한다. 즉, 각 역내국간에는 재화의 자유무역을 보장하지만, 역외국에 대해서는 역내국들이 독자적으로 관세 및 무역제한조치를 택하는 형태의 경제통합을 말한다.

우리가 FTA라 고 부르는 이 단계는 가맹국 상호 간 자유무역이 실시되고, 비가맹국에 대해서는 개별 국가별로 독자적인 무역정책을 실시한다. 이를 통해 자유무역지역에 참여하는 국가간에는 어떠한 유형의 차별적인 관세나 수입할당 보조금 또는 행정적인 규제가 없어진다. 그러나 자유무역지역의 구성원이 아닌 다른 국가에 대해서는 각국이 개별적으로 무역정책을 실시하여 자유무역지역에 참여하지 않은 다른 국가에 대한 관세는 회원국마다 차이가 있을 수 있다.

(2) 관세동맹(Customs Union)

관세동맹은 가맹국 상호간에 존재하는 무역장벽을 철폐하여 자유무역을 실시하고, 비가맹국에 대해서도 가맹국들이 공통의 무역정책(예를 들면, 공통의 관세정책 등)을 실시하는 단계이다. 이 단계에 이르면 가맹국 상호간에 존재하는 무역장벽은 없어지고 비가맹국에 대하여는 공통의 관세정책을 취하게 되어 가맹국들은 관세적인 측면에서 한 나라처럼 행동하는 단계이다.

제2차 세계대전 후의 베네룩스관세동맹, 아프리카지역의 경제통합이 여기에 해당된다.

(3) 공동시장(Common Market)

공동시장은 역내국간에 재화의 자유교역뿐만 아니라 모든 생산요소의 자유이동이 보장되는 경제통합의 형태를 말한다. 즉, 노동과 자본이 자유롭게 이동할 수 있어 가맹국 상호간에는 완전히 자유롭게 이민·취업·자본의 이동이 보장된다. 아울러 관세동맹과 마찬가지로 역외국들에 대해서는 역내국들이 공동관세정책을 취하고 있다.

(4) 경제동맹(Economic Union)

경제동맹은 가맹국들 상호 간 공통의 통화를 사용하고, 세율도 동일하게 적용하며, 상호협조와 유대관계를 통해서 재정·금융·통상·노동 등의 분야에서 공통의 정책을 실시한다. 이와 같은 경제통합을 이루기 위해서는 경제동맹을 총괄하는 행정부가 필요하며 각국이 자국의 주권을 어느 정도 포기해야 한다.

(5) 완전경제통합(Complete Economic Integration)

완전경제통합은 단순히 경제만의 통합이 아니라 정치적인 면에서의 통합을 이루는 단계다. 이 단계에서는 공통의 경제정책을 넘어 사회 전반에 걸쳐 동일한 정책을 추구하는 초국가적 기관 또는 연방국가의 설립을 목표로 한다. 즉 경제면뿐만 아니라 사회·정치적 통합까지 추구하는 경제통합의 형태이다.

유 형	특 징				
자유무역지역	관세·비관세 장벽철폐				
관세동맹	관세·비관세 장벽철폐	역외공동 관세 부과			
공동시장	관세·비관세 장벽철폐	역외공동 관세 부과	생산요소의 자유이동 허용		
경제동맹	관세·비관세 장벽철폐	역외공동 관세 부과	생산요소의 자유이동 허용	경제정책의 조정	
완전경제통합	관세·비관세 장벽철폐	역외공동 관세 부과	생산요소의 자유이동 허용	경제정책의 조정	경제정책의 통일

3. 지역경제통합의 효과

(1) 무역창출효과(Trade Creation Effect)

무역창출효과는 관세동맹의 결성으로 인하여 역내국가간의 관세장벽이 철폐됨으로 인해 관세동맹국 중 가장 생산비가 싼 국가로 생산이 대체되어 무역량이 증가하고 후생이 증가하는 효과를 말한다. 이는 역내국가간에 자원이 효율적으로 배분되는 결과를 나타낸다.

(2) 무역전환효과(Trade Diversion Effect)

무역전환효과란 관세동맹이 결성되면 역외국들에게는 차별적인 공통관세가 부과되므로, 종래 저생산비의 역외국으로부터 수입하던 재화를 역내의 고생산비 가맹국으로부터 수입하는 경우를 말한다. 무역전환효과는 자원의 효율적 배분을 저해할 뿐만 아니라 역외의 저생산비 국가의 희생을 초래하므로 세계 전체의 후생수준을 감소시킨다.

(3) 규모의 경제 효과(Economy of Scale Effect)

규모의 경제란 생산량이 늘어나면서 평균 비용이 감소하는 현상을 의미한다. 즉, 국내시장이 협소한 경우에는 대규모의 공장을 설립하는 데 한계가 있고 새로운 생산기술을 채택하기도 어렵다. 그러나 관세동맹으로 시장이 확대되면 대규모의 공장설립이 가능하고, 넓어진 시장을 공략하기 위한 새로운 생산기술을 도입하여 제품 단위당 생산비를 낮추는 등 규모의 경제효과를 달성할 수 있다.

제3절 관세의 개념

1. 관세의 의의

관세(Tariffs, Customs Duties)는 한나라의 관세영역 또는 관세선을 통과하는 상품에 대하여 부과하는 조세를 말한다.

관세는 국가 재정수입의 원천이며, 수입억제를 통해 국내산업을 보호하기 위해 부과하며 다음과 같은 기능을 가진다. 첫째, 수입되는 외국물품에 관세를 부과함으로써 해당 물품의 국내생산을 증가시켜 상대적으로 국내산업을 보호하는 기능을 가진다. 둘째, 관세는 수입물품에 조세를 부과하는 것으로 국가의 재정수입을 확보하는 데 큰 기능을 가지고 있다. 셋째, 수입물품에 대하여 관세를 부과하게 되면 수입물품의 국내가격을 상승시킴으로써 소비를 억제하게 된다. 넷째, 관세는 해당 물품의 국내가격상승으로 국내수요가 줄어들게 되므로 수입이 감소되어, 국내산업을 보호·육성시킴으로써 산업의 수출 및 국제경쟁력을 배양시켜 긍극적으로 수출증대에 기여하게 된다.

2. 관세의 종류

(1) 과세의 목적에 따른 구분

재정관세(Revenue Duties)란 주로 국가의 재정수입을 증대시킬 목적으로 부과하는 관세이다. 이는 무역정책의 수단이라기보다는 재정상의 수단으로 활용되어지고 있고 재정수입을 목적으로 관세를 부과하는 경우는 개발도상국, 저개발국 등 일부국가에서 사용되고 있다.

보호관세(Protective Duties)는 수입국이 국내의 유치산업을 보호·육성하고 기존 산업을 유지·발전시킬 목적으로 부과하는 관세이다. 산업보호 목적으로 관세를 부과하기 때문에 세율이 고율이며 이로 인해 수입량은 감소하게 된다.

(2) 과세의 기회에 따른 구분

수입세(Import Duties)란 수입상품에 대하여 부과하는 관세로서 관세중 가장 보편화된 것이며 무역정책뿐만 아니라 재정수입에 있어서도 큰 효과를 나타내고 있다. 수입세의 부과목적국내산업보호와 소비억제를 통한 수입감소로 무역수지 개선 효과를 가지고 있다.

수출세(Export Duties)란 수출상품에 부과하는 관세로서 특수한 경우에만 부과하고 대부분의 국가에서는 이를 부과하고 있지 않다.

(3) 과세의 방법에 따른 분류

종가세(Ad vaiorem Duties)란 수입상품의 가격을 과세표준으로 하여 관세율을 정하는 방법을 말한다. 종가세의 장점은 물품의 가격에 균등·공평하게 적용할 수 있으며 시장가격의 등락에도 불구하고 과세부담의 균형을 유지할 수 있다.

종량세(Specific Duties)는 상품의 수량을 기준으로 하여 관세율을 정하는 방법을 말한다. 종량세는 간단명료하게 세액을 산정 할 수 있다는 장점을 지니고 있어 관세행정상 편리하다.

(4) 실효보호율과 실효보호관세

실효보호율이란 국내산업의 보호를 위해 사용되는 관세정책이 국내 부가가치의 상승에 미치는 효과를 말하며, 관세에 의한 국내 산업보호의 실질적 효과를 의미한다.

실효보호관세란 관세부과로 인해 보호받고 있는 특정산업이 실질적으로 어느 정도의 보호를 받고 있는지를 나타내는 것이다.

실효보호관세율은 관세부과의 보호정책으로 인한 재화별 부가가치가 관세부과 이전의 자유무역하에서 얻을 수 있는 부가가치를 초과하는 정도를 나타내는 비율로 관세부과 전·후의 부가가치 변화율이다.

실효보호관세율 = (관세부과후의 부가가치 ― 과세부과전의 부가가치) / 관세부과 전의 부가가치

(5) 최적관세

최적관세(Optimum Tariff)란 관세 부과국의 국민후생을 극대화시킬 수 있는 관세를 말한다. 수입물품에 관세를 부과하면 자국의 교역조건을 개선시킬 수 있으나 수입의 감소로 인해 경제적 후생을 불리하게 하는 경향이 있다. 이와 같은 두가지 결과를 고려하여 교역조건 개선의 이익이 수입감소로 인한 경제적 후생감소의 불이익을 상쇄한 후 관세부과국의 이익을 최대로 하는 관세를 최적관세라고 한다.

 **강의 노트**

학 과 :

이 름 :

연락처 :

제4장 글로벌 통상환경 이해하기

1. WTO(세계무역기구)의 주요 활동을 설명하시오.

2. NAFTA에 가입한 주요 국가를 설명하시오.

3. ASEAN에 가입한 주요 국가를 설명하시오.

제 **5** 장

글로벌 비즈니스 이해하기

제1절 글로벌 비즈니스의 환경

1. 세계무역기구(WTO)로 본 경제적 환경

(1) WTO(World Trade Organization)의 기본원칙

WTO는 자유무역의 질서를 확립하고 활성화하기 위한 원칙을 설정하고 실행하는 국제기구다. 기본원칙인 무차별주의 원칙, 무역자유주의 원칙, 다자주의 원칙 등을 통해 무역장벽을 제거함으로써 자유무역을 선도하고 있다.

무차별주의 원칙은 한 국가가 보호무역의 수단을 사용하였을 경우, 모든 국가에 대하여 차별없이 동일한 정책을 시행해야 한다는 것을 의미한다. 무차별주의 원칙은 최혜국대우 원칙과 내국민대우의 원칙으로 구분할 수 있다. 최혜국대우의 원칙이란 관세를 비롯하여 무역정책의 수단을 실시하는 데 있어서 회원국 간 차별대우를 해서는 안된다는 것이며, 내국민대우의 원칙이란 수입품과 국산품을 차별하지 말고 무차별하게 취급해야 한다는 원칙이다.

무역자유주의 원칙이란 국가 간 무역에 대해 정부의 보호나 간섭없이 무역을 자유롭게 이루어질 수 있도록 해야한다는 것을 의미한다. 자유무역의 장애가 되는 요소인 관세의 인하와 수량제한의 철폐 등을 통해 자유무역을 실현하는 것이다.

다자주의 원칙이란 국가 간 무역문제, 즉 분쟁과 마찰이 발생할 경우 분쟁 당사국이 직접 해결하지 않고 다자간 차원의 협상을 통해 해결해야 한다는 것을 의미한다. 이는 WTO 회원국 모두 차별없이 자유무역을 통해 경제성장을 추구하고 있음을 보여준다.

(2) WTO와 GATT(General Agreement on Tariff and Trade)의 차이

WTO는 GATT(관세 및 무역에 관한 일반협정) 체제하에서 행하여겼던 자유무역질서를 분쟁해결 기구와 무역정책검토 기구를 통해 보다 강화하였다. 분쟁해결기구는 모든 무역관련 분쟁을 통합 관장하고 준사법적인 기능을 가지고 있으며, 무역정책검토 기구는 각국의 무역정책을 주기적으로 검토하여 정책의 투명성을 높이고 분쟁을 사전에 예방하여 다자간 무역체제의 효율성을 제고한다.

즉, WTO가 기존의 GATT와 다른 점은 분쟁해결기구를 설치하여 준사법적인 기능을 가졌다는 것과 단순한 협정이 아닌 정식 국제기구로서 다수의 실무적인 하위기구를 두어 지속적으로 일관성을 가지고 국제무역에 대한 모든 규범을 관장할 수 있다는 것이다. 또한 의사결정방식이 GATT의 만장일치제가 아니라 다수결원칙(사안에 따라 2/3 또는 3/4, 다수결 등)이 도입되어 신속한 의사결정이 가능하다는 것이다.

2. 비즈니스로 본 문화적 환경

(1) 문화적 환경의 이해

현재 지구상에는 200개 이상의 국가가 존재하며, 이들 국가 간 교류와 협력의 확대로 인해 다른 나라의 문화에 대한 이해는 매우 중요하다.

문화적 환경을 이해하기 위해서는 국가별 선호숫자, 인사법, 식사예절, 에티켓, 상관습 등 상징을 통해 만들어진 구체적인 행위에 대한 이해가 요구된다. 또한 비즈니스 측면에서의 사람들의 가치관에 기인한 문화비교와 기본적인 믿음 등 문화 배경에 대한 이해가 필요하다.

(2) 홉스테드의 문화비교

홉스테드는 국가 간의 서로 다른 문화를 비교하는데, 40개국에 진출해있는 IBM 종업원 약 10만 명을 대상으로 조사를 실시하였다. 그는 이 조사로부터 얻은 응답을 통계적으로 처리하려 국가 간의 문화 차이를 비교하였고, 개인주의, 권력간격, 여성다움, 불확실성의 회피정도, 유교적 동적차원 등 5가지의 문화차원을 밝혀내었다.

홉스테드의 문화비교는 계량화를 통한 문화 차이의 식별과 그에 따른 국가별 기업 관리 전략을 제시하였다는 점과 경영자나 구성원의 리더십 및 동기 등의 행위적 특성을 시사 받을 수 있다는 점에서 의의를 가진다.

개인주의 vs 집단주의	구성원이 개인과 집단 중 무엇을 우선시 하는가?	→ 개인주의 : 미국, 영국, 네덜란드 등 → 집단주의 : 파키스탄, 대만, 한국 등
권력 간격	불공평한 권력 배분을 어느 정도 까지 용인하는가?	→ 서양 : 개인주의며 권력 간격 낮음 → 동양 : 집단주의며 권력 간격 높음
남성다움 vs 여성다움	사회의 지배적인 가치가 남성 다운가? 여성다운가?	→ 남성다움 : 일본, 독일, 이탈리아 등 → 여성다움 : 한국, 네덜란드, 등 국가
불확실성의 회피 정도	불확실한 미래에 대해 어느 정 도로 불안을 느끼는가?	→ 强 : 라틴 국가, 한국, 일본 등 → 弱 : 아일랜드, 스웨덴, 영국 등
유교적 동적 차원	사회가 전반적으로 단기 지향 인가? 장기 지향인가?	→ 서양 : 대체적으로 단기 지향 → 동양 : 대체적으로 장기 지향

제2절 국제마케팅의 환경

1. 국제마케팅 환경 구성요소

일반적으로 국제마케팅 활동에 크게 영향을 미치는 요소로는 경제·지리적 환경, 정치·법률적 환경, 그리고 사회·문화적 환경으로 구분할 수 있는데, 각 환경요소들은 서로 직·간접으로 연관되어 있으며 중복·교차되고 있다.

(1) 경제·지리적 환경

시장에서 산업의 발달상태, 동종 경쟁기업의 존재, 시장에서의 경쟁상황 등은 중요한 산업 환경적 특성으로서 경쟁기업의 제품품질, 성능, 디자인, 시중판매가격, 판매점의 마진, 거래조건 등을 탐색할 필요가 있다. 이와 더불어 경쟁국 및 경쟁기업의 제품분석을 지속적으로 진행함으로써 글로벌 비즈니스 환경에 적응해야 한다.

해외투자 활동을 위하여서는 투자대상국가의 경제규모와 경제성장, 경제구조, 무역규모, 산업구조 등을 검토하여 투자 사업성을 점검할 필요가 있다. 또한 해외투자 진출 시 출자비율에 대한 제약, 기술계약조건의 규제, 국산화 의무 등을 면밀히 살펴야 한다.

(2) 정치·법률적 환경

글로벌 비즈니스는 법적 테두리 안에서 수행하는 것으로, 치외법권적으로 전개될 수 없기 때문에 그 국가의 정치체제, 이념, 대외정책, 경제정책, 세제, 수입제도 등 정치적·법적 환경의 영향권 아래 있다.

각국의 경제정책은 국가 경제의 성장, 국민생활의 향상, 물가의 안정, 고용의 증대를 목표로 운영되며, 특히 개발도상국은 국가 경제개발 계획을 중심으로 한 계획경제의 색채가 강하여 이들 국가의 경제정책과 법규는 국제마케팅 활동에 커다란 제약요인이 된다.

한편, 관세는 재정수입을 목적으로 하는 수입관세와 국내산업의 보호를 위한 보호관세가 있는데, 개발도상국에서는 국가재정에서 차지하는 관세의 비중이 높고 세입의 부족을 보충하기 위하여 관세의 인상이 행해지는 경우가 많은 편이며, 공업화가 진전됨에 따라 국내산업의 보호를 위한 보호관세의 비중이 점차 높아져 간다.

(3) 사회·문화적 환경

어느 나라든 고유의 언어, 문화수준, 교육 등으로 그 나라의 국민들은 독특한 생활양식, 소비성향, 구매태도를 가진다. 문화의 발달 정도에 따라 상품의 종류가 결정되며, 그 나라 국민에게 어필하는 상품의 디자인이나 색채는 전통적 문화와 풍습의 표현인 것이다.

교육 수준에 따라 소비와 수요의 패턴이 달라지며 높은 수준의 교육은 강한 행복을 추구하려는 노력과 새로운 상품에 대한 관심을 고조시킨다. 또한 언어는 문화 간의 가장 명백한 구분이며 한 문화의 성격과 가치관을 반영하는 것이다.

국제마케팅은 고도의 커뮤니케이션에 의존한다. 따라서 글로벌 비즈니스를 위한 국제마케팅을 수행하기 위해서는 현지 언어를 배울 필요가 있다.

2. 국제마케팅 환경분석

서로 다른 다양성과 복잡성을 지닌 글로벌 비즈니스 환경은 수많은 시장별로 특정 기업체와 제품에게 제공하는 마케팅 기회, 위험, 문제 등과 미래에 대한 불확실성의 정도가 서로 다르다. 따라서 글로벌 비즈니스에서 성공적인 국제마케팅 의사결정과 비즈니스 활동을 전개하려면 진출·확장하려는 시장별로 국제마케팅 환경을 분석해야 한다.

(1) 일반론적 접근방법

국제마케팅 환경을 분석한다는 것은 모든 환경요소를 일일이 구체적으로 설명한다는 것이 아니다. 즉, 해외 시장과 지역시장을 구체적으로 연관시키지 않고 정치·경제·사회·문화·지리·법률 등의 과제를 일반적으로 설명하는 것이 요구된다.

일반론적 접근방법은, 첫째 수많은 국가의 비즈니스 환경으로 구성된 국제마케팅 환경이 어느 정도 이질성, 다양성 및 복잡성을 띠고 있는가를 인식한다. 둘째 국제마케팅 의사결정을 하고 그 집행을 할 때 위와 같은 성격을 띤 환경요소를 충분히 고려해야 한다.

다만, 이런 접근방법은 국제마케팅 환경을 이해하는 데 도움이 되나, 너무 광범위하기 때문에 실제 수행을 위한 구체적인 방안모색은 어렵다.

(2) 시장지역별 연구

국제마케팅 환경을 평가·분석하는 방법으로 시장지역별 연구가 있다. 이는 국제마케팅과 관련된 정치·경제·사회·문화·법률 등의 환경요소를 시장국별 내지 시장지역별로 심층적으로 연구하는 방법이다. 이 방법을 활용함으로써 특정 기업체가 원하는 시장국이나 시장지역을 대상으로 국제마케팅 활동을 하는 데 필요한 구체적이고 체계적인 정보를 수집하는 것이 가능하다.

3. 글로벌 일류상품 만들어보기

세계 일류상품을 만들고자 하는 것은 글로벌 비즈니스를 지향하는 모든 사람의 꿈이다. 우리가 글로벌 시장은 시대의 흐름과 문화의 반영, 인터넷을 통한 소비자 접점의 확대 및 풍요로움 삶의 질 확대 등 다양성과 차별성으로 가득하다. 글로벌 일류상품이 되기 위해서는 몇 가지 갖추어야 할 기본적인 특성이 있다.

첫째, 상품은 그 시대의 흐름과 문화를 반영하는 것이어야 한다. 상품은 의식주 해결에 급급했던 시절에는 그에 관련된 상품이, 절대 빈곤을 벗어난 이후에는 새로운 생활패턴을 제안하는 상품들이 주도한다.

둘째, 상품은 새로운 라이프 스타일에 적합하여야 한다. 성숙함, 감성중시, 자연회귀 등 새로운 라이프 스타일에 적합한 상품이 글로벌 경쟁력을 확보할 것이다.

셋째, 상품은 정보, 생명, 환경의 21세기 키워드를 담아야 한다. 4차 산업혁명으로 급변하는 글로벌 환경이지만 소비자가 추구하는 기초욕구는 변함이 없다.

넷째, 소비자 니즈를 상품개발과 생산의 출발점으로 인식할 필요가 있다, 20세기에는 기술이 상품을 만들었으나 21세기에는 소비자의 니즈가 상품개발의 시작이다.

다섯째, 기업은 소비자의 삶의 질을 높여주는 매개체로 상품을 인식하여야 한다. 과거에는 기업이 싸고 좋은 물건을 제공하고 애프터서비스를 해주는 정도로 충분했으나 앞으로는 개발, 생산, 유통 및 사용의 모든 단계에서 소비자의 삶의 질에 대해 책임을 져야 한다.

여섯째, 소비자를 파트너로 활용하여야 한다. 이를 위해서는 소비자의 상품 아이디어뿐만 아니라 환경보호에의 관심 등을 조기 인지하여야 한다.

일곱째, 독창적 상품으로 상품의 개념을 만드는 선도자가 되어야 한다.

여덟째, 4차 산업혁명의 시대가 요구하는 제품 개발능력을 확보하여야 한다. 획기적인 기술과 상품을 개발할 수 있으면 생산은 어느 곳에서 이루어져도 무방하다.

강의 노트

학 과 :

이 름 :

연락처 :

제5장 글로벌 비즈니스 이해하기

1. 세계화와 지역화의 공통점과 차이점을 설명하시오.

2. 고배경문화와 저배경문화의 차이점을 설명하시오.

3. 해외 소비자의 구매결정 과정을 설명하시오.

제 **6** 장

글로벌 시장 진출하기

제1절 기업의 세계화

1. 기업의 세계화

(1) 세계화의 개념

세계화는 일반적으로 국경의 개념으로 나누어졌던 시장들이 전세계적으로 하나의 시장으로 통합되는 현상을 의미한다. 기업의 세계화는 기업 활동을 세계의 여러 나라로 확대하며 세계시장을 대상으로 생존과 성장을 추구하는 과정으로 이해할 수 있다.

기업의 활동이 국제화 단계에서 세계화 단계로 변하는 것은 세계시장이 동질적이며 통합된 하나의 시장으로 변하기 때문이 것으로 보인다.

(2) 세계화의 원인

개별 국가시장이 통합되어 하나의 단일시장으로 성장하는 세계화의 원인은 몇 가지 측면에서 이해할 수 있다.

첫째, 세계화를 촉진시키는 가장 중요한 요인은 빠른 기술진보이다. 과학기술의 발달, 특히 정보·통신·교통수단의 발달은 세계시장의 거리감을 좁혀 놓는 데 결정적인 원인이 되었다.

둘째, WTO의 출범이후 전세계적으로 무역장벽과 외환규제가 완화되면서 세계화가 급속히 진행되었다. 이에 따라 기술이전도 과거보다 훨씬 자유로워졌다.

셋째, 세계시장을 대상으로 판매할 수 있는 생산량 확보를 위해 자본중심형 생산방식으로 대량생산이 일반화되었다.

마지막으로 세계적인 네트워크를 가지고 있는 다국적기업들의 사업형태가 세계화 추세를 촉진시켰다. 국적을 초월한 다국적기업들의 활동은 국가 사이의 각종 장벽을 무너뜨리고 있으며, 세계적 네트워크를 활용한 국제마케팅 활동은 세계 소비자들을 동질화시키고 있는 중요한 요인으로 작용하고 있다.

2. 기업의 세계화 과정

(1) 국내지향기업(국내기업)

기업이 설립될 때 무역전문 업체와 같이 처음부터 해외시장을 상대로 영업활동을 하는 기업도 있으나 대부분의 제조업체는 국내시장을 목표로 영업을 개시하는 것이 일반적이다. 국내지향기업은 생산시설의 가동률을 극대화하여 국내시장점유율을 높임으로써 수익을 극대화하는 것이 정책적 목표이며, 국제시장을 위한 다양한 기반을 조성한다.

(2) 해외지향기업(수출기업)

해외지향기업은 수출에 의한 해외시장 개척과 규모의 경제 달성을 통한 수익의 증대를 목표로 하고 있다. 기업은 한정된 사장에서 다른 기업과의 치열한 경쟁을 극복해야한 생존과 성장이 가능하기 때문에 협소한 국내시장을 벗어나 필연적으로 해외시장으로 진출할 수밖에 없다.

(3) 현지지향기업(다국적기업)

현지지향기업은 개별 국가에 존재하는 다양한 무역규제를 피하기 위해 또는 유리한 입지조건을 이용하기 위해 현지국에 직접 생산시설을 투자한다. 또한, 기업이 속해 있는 본국의 입지조건이 진출한 국가와 비교하여 유리하다면 본국과 진출국 모두 기업을 유지하며, 이러한 기업들이 바로 국제화된 기업, 즉 다국적기업이라고 할 수 있다.

(4) 세계지향기업(세계기업)

무역자유화로 인한 무역장벽의 철폐, 전자상거래의 성장으로 인한 수요의 동질화, 운송수단의 발달로 인한 운송비용 경감 등 기업은 제품을 세계에서 가장 저렴한 원가구조를 가진 국가에서 생산하여 이를 전 세계시장을 대상으로 판매하는 전략을 수행하는 기업으로 바뀌게 된다.

이러한 기업이 바로 세계지향기업 또는 세계기업이다.

제2절 다국적기업의 이해

1. 다국적기업의 의미

다국적기업(Multinational Corporation)이란 용어가 일반적으로 쓰이게 된 것은 1970년대부터이며, 유사한 용어로서는 초국가기업(Transnational Corporation), 국제기업(International Firm), 세계기업(World Enterprise), 무국적기업(Stateless Enterprise), 지구기업(Global Firm) 등이 있다.

다국적기업을 지칭하는 용어가 많은 것은 관점에 따라 여러가지 명칭과 평가기준이 병존하고 있기 때문이다. 예를 들면, 다국적기업이란 용어를 처음 사용한 릴리엔탈(D.E. Lilienthal)은 다국적기업을 '1개국 이상에서 해외 생산활동을 전개하면서 경영자가 세계적인 차원에서 연구개발, 생산 및 판매에 대한 의사결정을 내리는 기업'으로 정의한다. 이에 비해 버논(R. Vernon)은 다국적기업을 '포츈(Fortune)의 500대 기업에 연 2회 이상 등재되어 있는 동시에 6개국 이상에서 현지생산 및 판매활동을 하는 기업'이라고 정의함으로써 거대 규모의 제조 기업만을 다국적기업으로 한정하고 있다.

다음과 같은 다양한 관점을 이해한다면 다국적기업에 정의가 어렵다는 것을 이해할 수 있다.

(1) 구조적 측면

기업구조 측면에서 기업활동 범위의 다국화, 기업소유의 다국적성, 최고경영자의 국적 등의 기준 중에서 한 가지 이상을 충족하고 있는 경우를 다국적기업으로 보고 있다.

① 기업의 국제경영활동을 2개국 이상에서 전개하는 경우
② 기업의 소유권이 2개국 이상에 걸쳐 분산되어 있는 경우
③ 최고경영층이 2개국 이상의 경영자로 구성되어 있는 경우
④ 제조기업으로서 6개국 이상에서 제조활동을 전개하는 경우

(2) 성과 측면

성과 측면에서는 기업의 전체 매출액, 자산규모, 생산규모, 종업원수 등에서 해외부문이 차지하는 비중이 어느 정도인가에 따라 다국적기업을 정의하고 있다. 예를 들면, 해외 매출액이 전체 매출액에서 차지하는 비중이 25% 이상일 경우에 다국적기업으로 간주한다.

(3) 형태 측면

형태 측면에서는 경영의 관점이나 사고가 세계적인지의 여부를 통해 다국적기업을 정의하고 있다.

① 세계적인 관점에서 자원을 배분하고 경영하는 경우
② 해외자회사의 경영전략을 유기적으로 통합·조정하고 조직화하는 경우
③ 경영자의 태도가 본국중심적 사고, 현지중심적 사고, 세계중심적 사고중에서 세계중심적 사고를 하는 경우

2. 다국적기업의 진출효과

다국적기업이 진출함으로써 현지국에 미치는 효과는 자원이전효과, 무역수지효과 등으로 구분할 수 있다. 다만, 관련 효과를 계량적으로 측정하기 어려운 상황이 존재하기 때문에 다국적기업의 진출효과에 회의적인 학자들도 있다.

(1) 자원이전효과

자본이나 기술, 경영자원 등의 이전효과를 말한다. 자본측면에서 단기적으로는 국내의 부족한 자본도입을 통한 경제활성화, 그리고 이에 따를 유휴자본의 효과적인 활용 등이 가능하다. 그러나 장기적으로는 자본의 본국 송금이나 원금회수 등의 부정적인 측면이 존재한다. 기술측면에서는 단기적으로 다국적기업의 기술도입을 통한 기술개발 비용과 시간의 절약, 그리고 경쟁력 향상 등에 기여할 수 있다. 그러나 장기적으로는 독자적인 기술개발능력이나 기술개발 원천을 외국에 의존함으로써 기술자립이 떨어질 수 있다.

경영자원의 측면에서는 선진경영기법이나 기업가적 능력을 지닌 인재의 파견에 따르는 현지국 기업가의 경영관리 능력이나 전문 기업가적 능력을 향상시킬 수 있다. 그러나 문제점으로는 현지의 우수한 인력을 다국적기업이 빼앗아 간다는 부정적인 인식이 있다.

(2) 무역수지효과

국내에서의 생산시설 가동에 따른 수출증대 효과와 해외 자본도입을 통한 무역수지의 흑자요인이 존재한다. 그러나 한편으로는 자본재 수입증대로 인한 외화유출과 배당이나 수익금의 본사송금에 따른 무역수지적자 요인도 있다.

(3) 주권과 자주성에 미치는 효과

현지국에 진출하는 다국적기업들이 자사의 풍부한 자금력과 우수한 기술정보력 그리고 다국적기업 본사의 정치·경제적 힘의 논리로서 약소한 현지국과의 교섭력에서 앞서기 때문에 인적자원과 정치적 지원 등에서 유리하다.

반면에 인질효과를 기대할 수도 있다. 다시 말하면 다국적기업의 유입은 투자 모국정부로 하여금 현지투자국의 안보를 중요시하도록 만드는 하나의 요인이 될 수도 있다.

제3절 글로벌 시장 진출전략

1. 해외시장 진출경로

(1) 전형적 확장경로

전형적 확장경로는 자국의 경쟁력을 기반으로 기술개도국에서 기술선진국으로 이동하는 진출경로를 가지고 있다. 즉, 국내 시장에서 개도국으로, 그리고 다시 개도국에서 선진국으로 진출하는 유형이다. 이러한 예로는 철강, 자동차, 석유화학 등의 산업이 있다.

일단 국내시장 기반이 확립된 다음에는 제2단계로서 생산시설 확충으로 인하여 국내시장이 포화상태에 이르게 되자 과잉생산물의 출구를 찾기 위해 해외시장, 주로 경쟁력이 취약한 동남아시아나 중남미의 개도국시장으로 선회하는 때이다. 그리고 제3단계는 개도국시장에서 얻어진 마케팅 경험과 가격경쟁력, 품질개선 노력을 바탕으로 선진국시장에 진출하게 된다.

(2) 수요우선확장 경로

반면, 첨단기술 산업처럼 수요가 정해져 있는 시장의 확장경로는 수요우선 확장경로를 갖는다. 컴퓨터나 반도체와 같은 첨단산업은 개도국 시장이 존재하지 않기 때문에 바로 선진국 시장으로 진출하며, 추후 개도국 시장이 형성되면 선진국 시장에서 개도국 시장으로 확장하는 경로를 선택하게 된다.

2. 해외시장 진입방법

(1) 수출을 통한 진출

기업이 어떠한 동기로든 수출을 통해 해외시장에 진출하기 위해서는 우선 여러 가지 수출형태 또는 수출경로 중에서 하나를 선택하여야 한다. 주요한 수출경로는 크게 간접수출과 직접수출로 구분할 수 있다.

간접수출이란 종합무역상사 또는 수출대행업자 등을 통하여 수출함으로써 수출국내에서 요구되는 수출관련기능을 제조업체가 스스로 수행하지 않고 제품을 판매하는 방법이다. 간접수출경로를 선택하는 경우 얻게 되는 장점으로는 추가적인 인력이나 고정자본을 투입하지 않고도 수출판매이익을 향유할 수 있으며, 세계적인 정보망과 판매망을 구축하고 있는 대행업자의 정보를 획득할 수 있다는 것과 그들의 전문지식 활용을 통한 상품판매의 안정성 등이 있다.

직접수출은 제조업체가 본사의 수출 전담부서나 계열 무역회사를 통해 수출과 연관된 제반 업무와 기능을 직접 수행하는 수출방법이다. 직접수출의 장점으로는 해외시장조사를 포함한 제품의 해외마케팅에 대한 노하우 습득, 제품의 유통경로에 대한 통제 강화 등이 있다. 제조업체의 입장에서 본 직접수출의 장·단점은 간접수출과 비교하여 반대로 생각하면 된다. 다만, 오늘날 거의 모든 대기업들은 간접수출보다 직접수출에 의존하고 있으며, 해외시장 및 국제마케팅 경험과 무역실무에 대한 지식이 어느 정도 보편화됨에 따라 중소규모의 제조업체들도 상당수가 직접수출을 하고 있다.

(2) 계약형태의 진출

계약형태의 진출방식은 무형의 자산인 공업소유권, 상표, 물질특허, 저작권 등의 지적소유권과 컴퓨터 소프트웨어 등의 기술적 노하우, 경영관리 및 마케팅을 포함한 경영노하우 등의 경영자산을 하나의 상품으로 취급하여 해외시장에 진입하는 방식이다. 대표적인 방법으로 국제라이센싱(Internatonal Licensing)과 프랜차이징(Franchising)이 있다.

국제라이센싱은 특정기업(Licensor)이 보유하고 있는 특허 상표 및 상호, 노하우 등을 외국에 있는 기업(Licensee)으로 하여금 일정한 조건하에서 활용할 수 있도록 허가하는 대신 로열티 또는 기타 형태로 그 대가를 지급하기로 당사자 간 계약을 체결하는 것을 말한다. 프랜차이징은 영업본부(Franchisor)와 가맹사(Franchisee)사이의 교환관계로서, 영업본부는 가맹사에게 상호, 상표 등의 사용권을 허가해 주고, 영업본부의 관점에서 가맹사의 정상적인 경영활동을 지원해 주는 방식이다. 영업본부는 상표, 상호와 함께 품질관리, 경영방식, 사업체 조직의 운영, 표준화된 마케팅 서비스 등을 제공한다. 가맹사의 소유권은 영업본부와는 독립되어 있으며, 영업본부는 프랜차이징에 따른 수수료를 지급받는다.

(3) 계약생산을 통한 진출

계약생산은 라이센싱과 해외직접투자의 중간형이라고 할 수 있다. 이 방식은 국제기업이 진출대상국에 있는 기존의 제조업체로 하여금 일정한 계약조건하에서 제품을 생산하도록 하고, 이를 현지국시장이나 제3국 시장에 판매하는 형태로 이루어진다. 이른바 OEM(Original Equipment Manufacturer)방식이라고 하여, 우리나라에서 생산되어 수출되는 공산품의 상당량이 외국수입업자의 상표가 붙어 세계시장에서 판매되고 있는데, 이것도 일종의 계약생산이라고 할 수 있다.

(4) 관리계약을 통한 진출

관리계약은 계약을 통해 현지국 기업의 일상적인 영업활동을 관리할 권한을 부여받고 이러한 경영서비스를 제공하는 데 대한 일정한 대가를 수취하는 방식이다. 이는 기업의 소유와 경영을 분리하여 전문경영인에게 기업경영을 위임하는 오늘날의 세계적 경영현실을 기업의 해외진출에 적용시킨 것으로 볼 수 있다.

(5) 턴키계약을 통한 진출

턴키계약은 국내·외의 중공업 업체들이 해외의 발주자를 위하여 원자력발전소, 생산 공장, 석유시추시설 등을 건설 또는 시공하고, 이를 가동 직전의 단계에서 넘겨주는 방식을 의미한다. 흔히 턴키운영방식을 플랜트수출(Plant Export)이라고도 한다.

이보다 한 단계 더 나아가 발주자가 당해 사업을 독자적으로 영위할 수 있도록 경영관리나 근로자훈련 같은 서비스를 제공할 의무를 추가로 부담하게 되는 방식도 있는데, 이를 턴키 플러스(Turnkey Plus)라 한다.

 **강의 노트**

학 과 :

이 름 :

연락처 :

제6장 글로벌 시장 진출하기

1. 해외시장 선택요인을 설명하시오.

2. 해외직접투자의 개념을 설명하시오.

3. 해외시장 진입방식을 결정하는 요인을 설명하시오.

제 **7** 장

국제무역의 절차와 유형

제1절 국제무역 절차

1. 수출절차

수출절차는 산업, 제품, 거래조건 등 경우에 따라 변할 수 있다. 그럼에도 일반적으로 매매계약이 체결되고 신용장이 도착한 이후에 필요한 경우, 수출승인을 받은 다음 수출물품을 확보하여 수출통관·물품선적·수출대금회수의 과정을 거치면서 최종적으로 관세환급 및 사후관리 등을 실시하는 것을 말한다.

(1) 매매계약의 체결

매매계약의 체결은 해외시장조사를 통해 선정된 거래상대방에게 거래제의를 하고, 거래상대방의 제품에 대한 조회(Inquiry)가 있다면 이에 대한 답신으로 청약(Offer)을 한다. 수출업자의 청약에 대하여 거래상대방이 승낙(Acceptance)을 하게 되면 거래는 성립하게 된다.

(2) 신용장의 내도

신용장(L/C : Letter of Credit)이란 수입업자의 거래은행이 수출업자에게 대금지급을 보장해주는 서류를 말한다. 수출업자는 신용장을 수취하면 신용장조건대로 이행하는 경우에는 틀림없이 수출대금을 회수할 수 있다는 보장이 되므로 안심하고 수출물품 제작에 들어갈 수 있다.

수출업자가 신용장을 수취할 때, 신용장과 계약서의 내용 일치여부와 신용장 개설은행의 신용상태를 확인해야 한다.

(3) 수출승인

수출업자가 수출하려는 제품이 수출입공고와 별도공고에 의해 수출이 제한되는 품목인지의 여부를 확인해야 한다. 자동승인 품목의 경우에는 수출승인이 면제되며 제한승인 품목의 경우에는 해당업종의 협회나 조합에서 수출승인을 받아야 한다.

(4) 수출물품의 확보

수출물품을 확보하기 위해서는 국내시장에서 완제품을 구입하는 방법, 직접 제품을 생산하는 방법이 있다. 제품을 직접 생산하는 경우에는 원료를 조달하는 방법에 따라 두 가지로 나뉘는데, 원자재를 국내에서 구매하여 제품을 만들거나 원자재를 수입하여 제품을 만들 수 있다.

(5) 수출통관

수출통관은 내국물품을 외국물품으로 만드는 과정을 말한다. 즉, 수출품이 완성이 되면 보세구역에 반입하여 수출신고를 하게 된다. 수출업자가 수출신고(E/D; Export Declaration)한 물품에 대하여 세관장은 수출물품을 확인한 후 수출신고필증(E/P; Export Permit)을 교부한다. 수출신고필증을 받은 수출품은 내국물품에서 외국물품으로 바뀌게 되고 보세구역에서 반출하여 선적한다.

(6) 물품의 선적과 해상보험

수출통관이 완료된 제품을 계약체결 시 정해진 선적일자와 운송 내용에 따라 선박을 확보하여 제품을 선적한다. 이때 필요한 경우 해상보험에 부보한다.

(7) 수출대금의 회수

수출물품의 선적을 완료하면 수출업자는 신용장상에서 요구하는 선적서류를 준비하여 대금회수를 한다. 수출대금회수를 위하여 수출업자는 신용장을 조건으로 하여 환어음을 발행하고, 수출업자의 주 거래은행은 수출 대금을 지급한다.

(8) 관세환급 및 사후관리

수출대금의 회수가 끝나면 수출업자는 수출용 제품을 만들기 위해 원자재를 수입할 때 납부한 관세를 돌려 받을 수 있는데, 이를 관세환급이라고 한다. 관세환급 제도는 수출업자의 가격경쟁력을 높여주기 위하여 수출물품의 생산에 사용되는 원자재의 수입 시 납부한 관세를 돌려주는 제도이다.

수출절차의 마지막 단계인 사후관리는 수출업자가 수출승인을 받은 내용대로 수출물품을 선적하고 수출대금을 회수하였는가에 대하여 관계기관에서 최종 확인하는 절차이다.

2. 수입절차

수입절차는 산업, 제품, 거래조건 등 경우에 따라 변할 수 있다. 그럼에도 수입절차라 하면 일반적으로 수입계약을 체결하고 수입승인을 받은 후 신용장을 개설하여 수출업자에게 보내준 다음 선적서류가 도착하면 수입대금을 지불하고 수입화물을 통관하여 물품을 확보한 후 사후관리를 하는 것을 말한다.

(1) 수입계약의 체결과 수입승인 및 신용장개설

수입업자는 수출업자의 거래조건을 합의함으로써 매매계약을 체결한다. 계약이 성립되면 수입업자는 즉시 해당업종의 협회나 조합에서 수입승인을 획득하고, 자신의 거래은행에게 신용장개설의뢰를 하여 수출업자에게 신용장을 보내주게 한다.

(2) 선적서류의 도착 및 대금결제

수입업자는 신용장 개설되었다는 사실을 인지한 후, 제품이 도착할 때까지 기다린다. 신용장 조건대로 이행한 수출업자의 선적서류와 환어음을 수령하여 수입대금을 지급한다. 이 때 물품을 대표한 서류인 선하증권(B/L; Bill of lading)을 인도 받는다.

(3) 수입통관

수입통관은 외국물품을 내국물품으로 만드는 과정을 지칭하며, 이때 부과된 수입관세를 납부하는 것이 요구된다. 즉, 물품이 수입지에 도착하게 되면 수입업자는 수입신고를 하고 필요한 경우는 검사를 받는다. 부과된 관세 납부 후 수입물품을 보세구역에서 반출함으로써 수입물품은 수입업자의 자유로운 처분상태에 놓인다.

(4) 사후관리

수입절차의 마지막 단계인 사후관리는 처음 수입승인 받은 내용대로 제품이 수입되었는지의 여부와 수입품에 대한 대금지급이 정확하게 이루어졌는가를 확인하는 작업이다.

제2절 국제무역의 주요법규

1. 대외무역법

대외무역법은 대외무역을 진흥하고 공정한 거래질서를 확립하여 국제수지의 균형과 통상의 확대를 도모함으로써 국민경제의 발전에 이바지함을 목적(대외무역법 제1조)으로 제정되었으며, 수출입거래를 관리하는 기본법이다.

현재 대외무역법은 전자상거래의 발달과 함께 전자무역과 관련되는 조항이 반영되어 시행되고 있다.

2. 외국환거래법

외국환거래법은 외국환거래 기타 대외거래의 자유를 보장하고 시장기능을 활성화하여 대외거래의 원활화 및 국제수지의 균형과 통화가치의 안정을 도모함으로써 국민경제의 건전한 발전에 이바지함을 목적(외국환거래법 제1조)으로 제정되었으며 수출입물품의 대금결제방법에 관하여 규정된 법률이다.

3. 관세법

관세법은 관세의 부과·징수 및 수출입물품의 통관을 적정하게 하고 관세수입을 확보함으로써 국민경제의 발전에 이바지함을 목적(관세법 제1조)으로 제정되었으며, 관세징수와 수출입물품의 통관에 관련되어 포괄적으로 규정한 법률이다.

4. 무역관련 특별법

무역에 관한 일반법인 대외무역법에 대한 예외를 두어, 대외무역법보다 우선 적용하는 법을 특별법이라 한다.

① **무역업 등록의 면제조항을 규정하는 법** : 농업협동조합법, 수산업협동조합법 등
② **물품의 수출입에 관하여 특별한 규정을 두는 법** : 마약법, 식품위생법, 문화재보호법, 영화법, 음반 및 비디오물에 관한 법률, 양곡관리법, 농약관리법 등

제3절 국제무역의 유형 및 특징

1. 무역의 주체에 따른 무역

(1) 민간무역(Private Trade)

민간무역은 무역주체가 민간인이 되는 무역으로 오늘날 가장 일반적으로 행하여지는 무역형태를 말한다. 국영무역과는 달리 공익성을 갖고 있는 것이 아니고 일반적인 국내거래와 마찬가지로 영리를 목적으로 한다.

(2) 공무역(public corporation trade)

공무역은 무역주체가 공공이 되는 무역으로, 공공기관이 출자하거나 직접 무역공사를 설립하여 무역경영의 주체가 되는 것을 말한다. 공무역은 다시 무역거래의 주체에 따라 국영무역(State Trade)과 정부무역(Government Trade)으로 구분된다.

2. 국가의 간섭 여부에 따른 무역

(1) 자유무역(Free Trade)

자유무역은 국가가 무역업자의 수출입행위에 대하여 일체의 간섭을 하지 않고 무역업자의 자유에 맡겨두는 무역을 말한다.

(2) 보호무역(Protective Trade)

보호무역은 자유무역과는 달리 국가가 자국의 유치산업과 성숙산업의 보호, 덤핑 방지, 외교상의 이유 등을 이유로 외국물품의 수입에 제한을 가하는 무역을 말한다.
대부분의 국가는 정도의 차이는 있지만 보호무역을 시행하고 있으며, 최근 전반적인 자유무역의 흐름 속에서도 신보호 무역주의라는 이름으로 활용하고 있다.

(3) 협정무역(Trade by Agreement)

협정무역은 두 나라 또는 다수국 상호 간 무역을 증진하거나 또는 무역의 균형을 유지하기 위하여 무역거래에 관한 협정을 체결하고 이 협정에 따라 무역하는 거래방식을 말한다.

3. 물품매매의 직·간접에 따른 무역

(1) 직접무역(Direct or Bilateral Trade)

직접무역은 수출국과 수입국의 거래당사자가 직접 매매계약을 체결하고 수출입 하는 무역을 의미한다.

(2) 간접무역(Indirect Trade)

간접무역이란 직접무역 달리 제3자, 즉, 제3국의 상인을 통하여 무역거래가 이루어지는 경우를 말한다. 간접무역에는 통과무역, 중개무역, 중계무역, 스위치무역, 우회무역 등이 있다.
통과무역은 수출물품이 수출국에서 수입국에 직접 송부되지 않고 제3국을 통과하여 수입국에 송부되는 경우에 제3국의 입장에서 본 무역거래 형태이다. 중개무역은 양국 사이에 제3국이 개재하여 대금결제는 수출상이 수입상으로부터 직접 회수하고, 제3국 상사는 통상 수입상으로부터 중개수수료를 취득하는 방식이다. 중계무역은 화물이 제3국에 양륙한 후 원형 그대로 또는 약간의 가공만을 거쳐 수입국에 재수출함으로써 소유권을 이전시키는 방식을 말한다. 스위치무역은 3개국이 연쇄적인 편무역관계를 이용하여 매매계약은 수출상과 수입상 사이에 체결되고 화물도 수출국에서 수입국으로 직행하지만, 다만 대금결제에만 제3국의 업자가 개입하거나 제3국의 결제통화나 계정을 이용하는 방법을 말한다. 우회무역이란 어떠한 국가에서 외환에 대한 통제를 심하게 할 경우 이러한 외환관리의 구속을 회피하기 위하여 외환통제를 받지 않는 제 3국을 통하여 이루어지는 무역을 말한다.

4. 수출입의 국가별 균형에 따른 무역

(1) 구상무역(Compensation Trade)

구상무역은 수출입에 따른 물품대금을 그에 상응하는 수입 또는 수출로 상계하는 수출입을 말하며, 두 나라 사이의 수출입균형을 유지하기 위해 많이 이용되는 거래방식이다.
구상무역에는 바터무역(Barter Trade), Back-to-back L/C, Tomas L/C, Escrow L/C등이 있으며, 대금결제가 없거나 차액이 발생하지 않는다.

(2) 삼각무역(Triangular Trade)

삼각무역이란 두 나라 사이에 수출 또는 수입이 불균형을 이루어 편무역이 되었을 경우에 반대관계나 또는 특수관계에 있는 제 3국을 개입시켜 3국간의 협정에 의하여 이루어지는 무역형태 말한다.

5. 수·위탁 판매 및 수·위탁 가공방식에 의한 무역

위탁판매수출(Consignment Sale Trade)은 물품을 무환으로 외국에 있는 거래 상대방에게 수출하여 당해 물품이 판매된 범위 안에서 일정한 판매수수료를 지급하고 물품대급을 결제 받는 수출을 말한다.
수탁판매수입(Import on Consignment)은 수탁자가 해외에서 위탁자로부터 위탁을 받아 그 위탁자의 비용과 위험 하에 물품을 무환으로 수입하여 자국 내에서 판매하고 그 대금을 결제하는 형태이다.
위탁가공무역은 가공임을 지급하는 조건으로 외국에서 가공(제조·조립·재생·개조를 포함)할 원자재의 전부 또는 일부를 거래상대방에게 수출하거나 외국에서 조달하여 이를 가공한 후 가공물품을 수입하는 수출입을 말한다.
수탁가공무역은 가득액을 영수하기 위하여 원자재의 전부 또는 일부를 거래 상대방의 위탁에 의하여 수입한 후 이를 가공한 후 위탁자 또는 그가 지정하는 제3자에게 가공물품을 수출하는 수출입을 말한다.

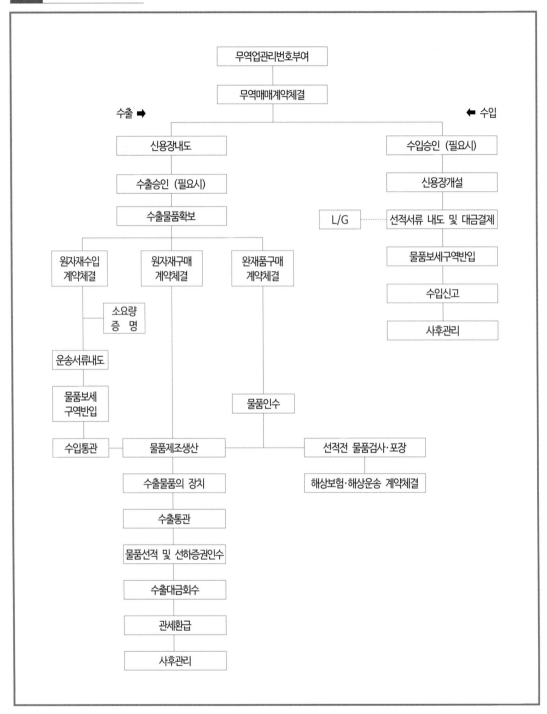

📝 강의 노트

학 과 :

이 름 :

연락처 :

제7장 국제무역의 절차와 유형

1. 국제무역의 정의을 설명하시오.

2. 관세환급을 설명하시오.

3. 스위치 무역을 설명하시오.

제 **8** 장

글로벌셀러의
무역계약 이해하기

제1절 무역계약의 이해

1. 무역계약의 의의와 종류

(1) 무역계약의 의의

무역계약이란 국제 간 매매계약으로 매도인(Seller)이 매수인(Buyer)에게 계약상품의 소유권을 양도하여 상품을 인도할 것을 약속하고, 매수인은 이를 받아들인 후 대금을 지급할 것을 약정하는 계약이다. 특히 양 당사자가 매매계약을 이행하지 않으면 클레임(Claim)이 제기된다.

(2) 무역계약의 종류

무역계약은 개별계약(Case by Case Contracts), 포괄계약(Master Contract), 독점계약(Exclusive Contract)으로 구분할 수 있다.

개별계약은 매거래시마다 양당사자가 거래조건에 합의하면 계약이 성립된다. 포괄계약은 지정품목에 대해서 일반거래조건을 협의한 후 계약체결을 하는데, 이는 매거래시마다 제 조건 등을 재확인하는 번거로움을 없애고 문제발생시 그 책임이 분명해진다. 독점계약은 수출입을 전문으로 하는 매매를 특정 상대방만으로 국한시키는 계약이다.

2. 무역계약의 법률적 성격

(1) 합의계약(Consensual Contract)

합의계약은 낙성계약이라고 하며, 청약자의 청약에 대해서 피청약자가 이를 승낙함으로써 무역계약이 성립하는 것을 말한다.

(2) 쌍무계약(Bilateral Contract)

쌍무계약은 매매당사자들 사이에 계약이 성립되면 양 당사자들이 서로 상대방에 대해서 일정한 의무를 부담하는 것을 말한다. 매도인은 물품인도 의무, 매수인은 대금지급 의무 즉, 쌍무의 성격을 갖는다.

(3) 유상계약(Remunerative Contract)

유상계약은 계약당사자들이 서로 대가적 채무를 부담하는 계약을 말한다. 즉, 매도인이 계약물품을 인도하는 급부행위에 대해서 매수인은 대금을 지급하는 반대급부가 동시에 발생한다.

(4) 불요식계약(Informal Contract)

불요식계약은 특별한 형식에 구애받지 않고 서면, 구두 또는 언어에 의한 명시계약이나 또는 행동에 의한 묵시계약에 의해서 무역계약이 성립하는 것을 말한다.

제2절 품질·수량·가격·결제 조건

1. 품질조건(Quality Terms)

(1) 품질결정방법

품질결정은 견본, 상표, 명세서, 규격, 점검, 표준품 등을 통해 당사자 간 매매를 합의할 수 있다.

견본매매는 공산품거래시 가장 일반적으로 사용되는 품질약정 조건이다. 상표매매는 특정 상품의 상표나 품명이 세계적으로 널리 알려진 경우 그 상표나 품명에 의하여 상품의 품질을 결정하며, 명세서매매는 선박이나 중대형 기계류 등 견본제시가 불가능할 경우에 사용된다.

규격매매는 규격이 국제적으로 지정되어 있거나 수출국의 공적규정(예: KS, JIS, ISO)에 의해서 정해져 있는 경우 당해 물품의 품질을 결정하고, 점검매매는 매도인이 매수인 앞으로 보낸 상품을 실제 점검한 다음 품질을 결정하여 매매가 이루어지는 거래를 말한다.

표준품매매는 주로 농림수산물이나 광산물과 같은 1차상품거래시 사용되며 대표적으로 평균중등품질조건과 판매적격품질조건이 있다. 평균중등품질조건은 당해 년도, 당해 지역에서 생산되는 동종물품 가운데 중급수준 품질의 것을 인도하기로 약정하는 방법이다. 판매적격품질조건은 물품을 인도할 당시의 품질이 당해 물품의 성질이나 상관습상 판매하기에 적합한 수준이기만 하면 된다.

(2) 품질결정시기

품질결정시기는 선적 시점과 양륙 시점으로 구분할 수 있다. 선적품질조건은 공산품인 경우 선적 시 공인검사기관의 품질확인을 받았다면 운송도중에 변질되어 도착지에서 하자를 발견했더라도 수출상은 이에 대한 책임을 지지 않는다.

반면, 양륙품질조건은 운송도중에 품질이 변질될 수 있는 곡물, 피혁, 어류 등과 같은 1차 상품의 경우에는 양륙지에서 품질검사를 한 것이 계약조건과 일치하여야 수출상이 면책을 주장할 수 있다.

2. 수량조건(Quantity Terms)

무역계약에서 수량은 상품의 성질과 형상에 의하여 중량(Weight), 용적(Measurement), 개수(Piece), 길이(Length) 등의 단위에 의해 거래된다. 포장된 상품을 매매하는 경우에는 포장재료의 중량을 포함한 총중량(gross weight)인가, 포장재료의 중량을 포함하지 않은 순중량(net weight)인가를 명기할 필요가 있다. 또한 약간의 과부족을 용인하는 조항(More or Less Clause)을 고려할 필요가 있다.

수량의 과부족 인용조건은 유류와 같이 휘발성이 있거나 석탄, 광물, 곡물 등과 같은 Bulk 화물일 경우 그 수량이 자연적으로 소모나 손실이 불가피한 상품을 대량으로 수송하는 경우, 일정 비율만큼의 과부족에 대하여는 매수인이 이것을 용인하고 과부족 양에 대해서는 클레임을 제기하지 않는다는 조건이다.

3. 가격조건(Price Terms)

(1) 가격조건의 내용

무역에서의 가격은 국내거래에서 발생하지 않는 부대비용(운송비, 보험료, 행정비용, 관세 등)이 필연적으로 수반되는데 이 부대비용의 부담자를 수출상과 수입상 중 누구로 할 것인가는 가격조건에 따라 달라진다.

(2) 수출입물품 가격결정요소

가격결정요소 = 물품의 제조(생산)원가 + 이윤(희망이익) + 요소비용(부대비용)

4. 결제조건(Payment Terms)

(1) 무역대금 결제방법

무역거래 시 결제방식은 신용장방식, 무신용장방식 등이 있으며, 무신용장 방식에는 추심결제와 송금결제 등이 있다. 따라서 무역계약시 결제를 어느 조건으로 할 것인지 밝혀야 한다. 신용장이란 수입자의 요청에 의하여 신용장 개설은행이 신용장조건에 일치하는 운송서류와 상환으로 수출자에게 무조건 대금을 지급하겠다고 약정한 증서를 말한다. 신용장에 의한 무역대금의 결제는 송금방식이나 추심방식의 단점인 금융기능과 지급보증의 기능을 갖고 있다.

추심결제는 관련은행의 지급확약이 없이 오직 매매당사자의 책임 하에 거래가 이루어지기 때문에 거래 전 상대방의 신용조사가 선결되어야 한다.

송금방식은 수입자가 물품을 받기 전 또는 받은 후에 송금하여 주는 방식으로 사전 송금 방식과 사후 송금방식이 있다.

(2) 무역대금의 결제시기

무역대금 결제시기는 환어음의 지급, 선지급, 동시지급, 후지급 그리고 선지급, 후지급, 동시지급 중 2가지 이상을 혼합한 혼합지급 시기 등으로 구분한다.

무역거래에서 환어음(draft)에 의해 결제가 이루어지는 방식은 신용장과 추심결제가 대표적이다. 선지급은 수출대금을 선적 또는 인도하기 이전에 미리(in advance) 결제하는 조건이다. 후지급은 수출대금의 결제가 상품의 선적이나 인도 후에 이루어지는 외상거래방식을 말한다. 동시지급은 현물 또는 현물과 동일시되는 선적서류를 인도 받음으로써 동시에 대금지급이 이루어지는 방식이다.

(3) 결제통화

무역결제에 있어 결제통화는 안정성과 교환성 그리고 유통성을 지니고 있어야 하며, 환위험(Exchange Risk) 즉, 환시세의 변동이 심하지 않은 안정된 통화로서 국제통용성 및 공신력이 높은 통화를 채택해야 한다.

제3절 선적·보험·포장·기타 무역조건

1. 선적조건(Shipment Terms)

(1) 선적시기

수입하는 입장에서는 구매한 물품이 언제 도착하느냐에 따라 이익과 손실이 변한다. 수입 승인기관과 신용장 개설을 위한 담보, 현금예치 기관의 관점에선 가능한 빠른 도착을 원한다. 따라서 선적시기를 결정할 때는 특정일자, 또는 선적을 원하는 시기를 상호 협의해야 한다.

(2) 분할선적 (Partial Shipment)

분할선적은 거래수량을 일정한 양으로 분할하여 선적하는 것을 의미하며, 거래의 규모가 크거나 수입자의 판매계획이나 시황에 따라 선택한다. 비슷한 의미로 사용되는 할부선적은 분할횟수, 수량, 각 분할분의 선적시기 등을 구체적으로 정한 경우를 말한다.

(3) 환적 (Transhipment)

환적은 운송품이 도착항에 도착되기 전에 당초에 선적되었던 운송기관에서 다른 운송기관으로 이전 및 재적재 되는 행위를 가리킨다. 두 가지 이상의 운송수단이 결합되어 있는 복합운송에선 환적이 일반적이다.

2. 보험조건(Insurance Terms)

무역상품을 운송하는 과정에서 좌초 등과 같은 해상고유의 위험이나 전쟁 등 인위적 위험을 커버하기 위해 적하보험(cargo insurance)에 부보해야 한다.

(1) 보험금액의 결정

보험금액(Insured Amount)이란 보험사고 또는 소정의 손해가 발생한 경우 보험자가 지급해야 하는 최고한도의 금액으로 보험자와 피보험자 간 상호협의 하여 정하도록 되어있다. 그러나 일반적으로는 거래 금액에 희망이익을 가산한 금액을 보험금액으로 정하고 있다.

(2) 보험조건의 선택

적하보험에서의 보상범위는 계약에서 명시한 보험조건에 따라서 발생한 멸실이나 손상에 한정되어 있기 때문에 보험에 부보하고자 하는 화물의 성질, 포장상태, 운송방법 등을 충분히 고려한 후 경제적이면서 화물의 안전운송에 효과적으로 대체할 수 있는 적합한 보험조건을 선택해야 한다.

한편 보험조건 중 물품의 성질과 운송의 사정에 따라 추가로 부보해야 할 경우에는 특약으로 담보한다.

3. 포장 및 하인(Packing and Shipping Mark)

(1) 포장조건

포장은 제품의 보호나 판매촉진의 의미를 갖는다. 포장조건을 협의할 때는 내용물을 보호하는 견고성과 포장비용 자체의 절감, 그리고 운임절감 등 경제성을 검토해야 한다. 한편 포장의 불완전으로 인한 약정품의 손상은 적하보험약관상 보험자의 면책조항에 적용되므로 세심하게 포장해야 한다.

포장은 개장, 내장, 외장으로 구분하는데, 개장은 소매의 단위가 되는 최소의 묶음을 개별적으로 하나씩 행하는 포장방법이다. 내장은 개장물품을 수송 또는 취급하기에 편리하도록 보통 몇몇의 개장을 합하여 행하는 포장방법이고, 외장은 수송도중이 변질, 파손, 도난, 유실 등을 막고 취급을 보다 더 간편하게 하기 위하여 내장별로 또는 몇 개의 내장을 모아다시 행하는 포장방법이다.

(2) 하인(shipping Mark)

하인(shipping mark)은 '화인'이라고도 표기하며, 화물의 분류를 원활히 수행하고 화물의 운송 및 보관 시 필요한 화물 취급상의 지시, 주의를 포장에 표시하기 위하여 매수인이 매도인에게 요구하는 경우가 많다.

반드시 표시해야 하는 하인은 주하인(Main Mark), 도착항표시(Port Mark), 상자번호(Case Number), 원산지 표시 (Origin Mark) 등이 있다. 주하인은 특정한 기호(Symbol)를 표시하고 그 안에 수입자의 상호 등의 약자를 표시한다. 도착항표시는 화물의 목적지를 의미하며, 상자번호는 운송하는 물품의 수량을 확인할 수 있도록 표기한다. 원산지 표시는 해당 화물의 원산지를 표기하는 것으로 생산국을 외장의 맨 아래에 표시한다.

4. 기타 무역조건

(1) 불가항력(Force Majeure)

일반적으로 불가항력에 의한 손해는 면책되지만, 손해를 입은 측에서는 여러가지 명목으로 클레임을 제기할 가능성이 있다. 특히 수출상의 공급불능이 있을 경우 그 원인이 당사국의 수출규제, 천재지변, 전쟁, 내란 등에 의한 것일 때는 면책된다는 조항을 두는 것이 좋다.

(2) 중재(Arbitration)

무역매매 계약에 관하여 발생하는 분쟁은 소송에 의하여 해결하기 보다는 제3자의 중재에 의해 해결하는 것이 유리하다.

(3) 계약체결 시 주의사항

무역계약은 직접 대면하여 체결하는 것이 일반적이다. 그러나 우편 등을 활용하여 무역계약서를 작성하는 경우에는 상대방과 합의한 중요 내용과 승낙을 얻을 수 있는 범위 내의 추가조항을 기재한 계약서를 2통 작성하여 본인이 서명을 한 후 2통을 모두 상대방에게 송부하고 그 중 상대방이 서명한 1통을 돌려받아야 한다.

강의 노트

학 과 :

이 름 :

연락처 :

제8장 글로벌셀러의 무역계약 이해하기

1. 독점계약을 설명하시오.

2. 무신용장 결제방식의 종류를 설명하시오.

3. 무역클레임 중 불가항력을 설명하시오.

제 **9** 장

글로벌셀러의
국제운송 이해하기

제1절 해상운송의 이해

1. 해상운송의 유형

해상운송, 즉 해운이란 선박을 운송수단으로 하여 타인의 화물이나 사람을 운송한 대가로 운임을 취득하는 상행위를 말한다. 해상운송은 상대적으로 저렴한 비용으로 대량운송이 가능하기 때문에 원거리 이동이 필수적인 국제무역의 주요 운송형태로 널리 이용되고 있다.

(1) 정기선(Liner)

정기선은 미리 정해진 운항일정에 따라 정해진 항로를 규칙적으로 반복운항 하는 해상운송을 의미한다. 주로 소량의 공산품 또는 잡화를 개품운송 하는 데 이용된다. 정기선의 경우 고정된 항로, 운임률, 운항계획 등에 의해 운송하기 때문에 화물의 수량과 관계없이 이용 가능하다.

(2) 부정기선(Tramper)

부정기선은 일정한 항로가 없기 때문에 하주가 요구하는 시기와 항로에 선복(ship's space)을 제공하는 해상운송을 의미한다. 부정기선은 선적기일을 맞추기 위해 긴급히 운송되어야 할 화물이나, 곡물, 광석, 원유, 목재 등 대상화물에 맞는 시설을 갖춘 특수전용선이 필요한 경우에 주로 이용된다. 운송 운임은 화물의 수요와 공급에 의하여 결정되므로 수시로 변동된다.

2. 해상운송 계약형태

(1) 개품운송계약

선박회사가 다수의 하주와 화물에 대한 운송계약을 개별적으로 체결하며, 주로 정기선의 경우에 이용되는 계약형태를 말한다. 세계 주요 항로에는 다양한 국적의 정기선사들이 취항을 하고 있으며, 대부분의 무역화물은 개품운송계약의 형태로 운송되고 있다.

(2) 용선운송계약

송하인이 선박회사로부터 선복(ship's space)의 전부 또는 일부를 빌려 화물을 운송하고자 할 경우에 체결하는 계약을 말한다. 계약체결의 증거로 용선계약서(Charter Party)가 발행된다. 용선운송의 형태로는 정기용선, 항해용선, 나용선이 있다.

정기용선계약은 선박에 필요한 모든 용구와 선원까지 승선시킨 선박을 일정 기간 동안 용선하여 그 기간동안 운임을 지불하는 계약이다. 항해용선계약은 선적항에서 양륙항까지 1항해를 기준으로 체결되는 용선계약이다. 나용선계약은 용선자가 선주로부터 선박 자체만을 빌리는 대신 선원, 장비, 소모품과 선박보험료, 항만비, 항해비, 수리비 등의 일체를 부담하는 형태의 계약으로 선박 임대차계약이라고도 한다.

3. 해상운송 부대비용

운송 기술의 발달에 따라 운송 시설과 인력이 복잡하고 전문화되면서 운송회사는 해상운임만으로 경영하는 것이 어렵게 되었다. 그래서 경영의 안정성과 수익증대를 위해 운송관련 각종 부대비용을 별도 부과하고 있다. 운임과 별도로 부과되는 할증료(Surcharge) 및 부대비용(Additional Charge)은 통상 기본운임의 일정비율(%) 또는 컨테이너당 일정액을 정하여 공시하는 형식을 취하고 있다.

(1) 터미널화물처리비(THC : Terminal Handling Charge)

화물이 컨테이너 야드(CY : Container Yard)에 입고된 순간부터 본선의 선측까지, 반대로 본선의 선측에서 컨테이너 야드의 정문을 통과할 때까지 화물의 이동에 따르는 비용을 말한다.

(2) CFS 작업료(CFS Charge)

선사가 컨테이너 한개의 분량이 못되는 소량화물을 운송하는 경우 선적지 및 도착지의 CFS에서 화물의 혼적 또는 분류작업을 하게 되는데 이때 발생하는 비용을 말하며, 선사는 하주로부터 이를 징수하여 CFS 운영업자에게 전달한다.

(3) 도착지화물인도비용(DDC : Destination Delivery Charge)

북아메리카 수출의 경우 도착항에서의 터미널 작업비용과 목적지까지의 내륙운송비용을 포함하여 해상운임과는 별도로 징수하는 비용이다.

(4) 컨테이너세(Container Tax)

항만 배후도로를 운송하는 컨테이너차량에 대해서 컨테이너당 부담금을 징수하고 있는 지방세를 의미하며, 항만 배후도로 건설 등 운송시설의 확충을 목적으로 한 일종의 교통유발부담금이라 할 수 있다.

(5) 서류발급비(Documentation Fee)

선사에서 선하증권(B/L)과 화물인도지시서(D/O)의 발급 시 소요되는 행정비용을 보전하기 위해 신설한 비용이다.

(6) 체선(화)할증료(Port Congestion Surcharge)

입출항 선박의 수에 비해 항구의 하역능력이 부족하여 하역작업을 위한 대기시간이 길어 짐으로 인해 선사 측에 추가적인 경비가 발생할 경우에 일정기간 동안 하주에게 부과하는 비용을 말한다.

(7) 통화할증료(CAF : Currency Adjustment Factor)

운임표시 통화의 가치하락에 대비한 할증료로서 일정기간 해당통화의 가치변동율을 감안 하여 기본운임에 일정비율(%)을 부과하고 있다.

(8) 지체료(Detention Charge)

하주가 컨테이너 또는 트레일러를 대여한 후 규정된 시간(Free Time)내에 반환을 못할 경우 벌과금으로 지불해야 하는 비용을 말한다.

제2절　항공운송의 이해

1. 항공운송의 특성

국제 교역량의 증가, 화물의 다양화 및 항공운임의 인하 등 다양한 이유들로 인해 항공운 송의 이용이 증가하고 있다. 특히 글로벌셀러의 교역의 증가하며 소량화물을 신속하게 배 송할 수 있는 서비스가 급증하며 항공운송의 성장이 두드러지고 있다.

항공운송은 야행성, 편도성, 비계절성, 신속성 등의 특징을 가지고 있다. 야행성이란 밤 시 간을 이용한다는 것으로, 당일의 화물을 저녁때까지 집하하고 비행기에 적재하여 다음날 아침 수하인에게 배달할 수 있는 운송시스템이 갖추어져 있다. 편도성은 한쪽 방향으로 이동한다는 것으로, 여객의 경우 언젠가는 출발지로 다시 돌아오지만 화물은 일단 목적지 까지 운송되면 그곳에서 소비되어 돌아오지 않음을 의미한다. 비계절성이란 항공화물의 운송은 여객에 비해 계절적인 변동을 적게 받는다는 것을 의미한다. 신속성은 항공운송이 육상운송이나 해상운송 등 다른 운송수단에 비해 신속하다는 것을 의미한다. 실제로 한국에서 미국 LA까지 해상운송의 경우 약 20일 정도 소요되는 데 반해 항공운송은 늦어도 2일이면 충분하다.

2. 항공운송의 장점

국제무역을 하는 기업과 글로벌셀러가 항공운송을 활용하게 되는 것은 다음과 같은 장점이 있기 때문이다.

첫째, 수송기간이 짧다. 항공운송이 필요한 상품은 긴급화물로서 시간에 민감하며, 다른 운송을 이용했을 때보다 기회비용이 줄어드는 특성이 있다. 이는 수송중 물품에 대한 투자기간이 단축됨을 의미한다.

둘째, 재고비용이 절감된다. 이는 상품이 창고에 재고로 묶여 있는 동안 발생할 수 있는 손실, 분실, 훼손의 위험이 감소됨을 의미한다.

셋째, 수송조건이 좋다. 이는 항공운송의 특성상 해상 또는 육상에 비해 비교적 안정적으로 운송할 수 있으며 천연재해 등으로부터 안전하기 때문에 파손, 분실, 훼손의 위험이 감소됨을 의미한다.

3. 항공화물 운송 대리점 및 혼재업자

항공운송을 이용할 때, 무역업체가 항공회사와 직접 거래하지 않고 항공화물운송대리점이나 혼재업자와 화물운송계약을 체결하는 것이 일반적이다.

(1) 항공화물 운송대리점(Air Cargo Agent)

항공사를 위하여 유상으로 항공기에 의한 화물운송계약 체결을 대리함으로써 사업을 영위하는 업체를 항공화물 운송대리점이라고 한다. 즉, 항공사를 대리하여 항공사의 운송약관, 규칙, 운임 및 운행시간표에 의거하여 항공화물 운송을 유치하는 것을 말한다.

항공화물 운송대리점은 항공화물운송장(Air Waybill)을 발행하며 이에 부수되는 제업무를 수행한 대가로 대리점계약에 의거한 수수료를 받는다.

(2) 혼재업자(Consolidator or Air Freight Forwarder)

혼재업자는 자기의 명의로써 항공사의 항공기를 이용하여 화물을 여러 송하인으로부터 인수하여 운송하는 것을 업으로 하는 자를 말한다. 혼재업자는 자체운송 약관과 운임률을 통해 송하인과 운송계약을 체결하고 혼재업자용 화물운송장(House Air Waybill)을 발행한다.

제3절 복합운송의 이해

1. 복합운송의 개념

복합운송(Multimodal Transport or Combined Transport)이란 육·해·공 가운데 두 가지 이상의 운송형태를 결합하여 운송하며, 운송인이 특정 화물을 전체 운송구간에 대하여 책임을 지고 운송하는 방식을 말한다. 이러한 일관운송의 책임을 지는 주체가 바로 복합운송인이며, 복합운송인이 발행하는 복합운송계약의 증거서류를 복합운송증권이라고 한다.

2. 복합운송 주요경로

현재 우리나라에서 많이 이용되는 복합운송경로에는 시베리아 랜드 브리지와 미니 랜드 브리지가 있다. 랜드 브리지 서비스는 대륙횡단 시 철도운송을 이용하여 바다와 바다를 연결함으로써 운송경비 절감과 운송시간의 단축을 꾀하는 서비스를 의미한다.

(1) 시베리아 랜드 브리지(SLB : Siberia Land Bridge)

대형 컨테이너에 의해 극동↔유럽·중동 간을 극동 - 동해 - 시베리아철도 - 유럽·중동을 잇는 각지의 해운항로 및 철도를 이용하는 복합운송경로를 말한다. 이 운송경로는 극동과 유럽·중동을 잇는 최단수송거리로서 수송일수도 최대한 줄일 수 있다.

(2) 미니 랜드 브리지(MLB : Mini Land Bridge)

미니 랜드 브리지는 극동과 미국대서양이나 Gulf연안 혹은 유럽과의 항로에서 태평양과 대서양연안을 대륙횡단 철도에 의해 연결하는 복합운송경로이다. 즉 컨테이너를 극동에서 북미 태평양 연안 항구까지는 컨테이너선으로, 여기서 대서양연안 또는 Gulf 연안까지는 철도편으로 운송해 철도터미널에서 수하인에게 인도하거나 또는 다시 유럽까지 컨테이너선으로 운송하는 방식이다.

📝 강의 노트

학 과 :

이 름 :

연락처 :

제9장 글로벌셀러의 국제운송 이해하기

1. 해상운송 운임 중 종가운임을 설명하시오.

2. 항공운송의 특성을 설명하시오.

3. 복합운송의 특징을 설명하시오.

제 10 장

전자무역과 무역분쟁

제1절 전자무역의 의의와 특징

1. 전자무역의 의의

전자무역(e-Trade)은 전자적인 방법을 이용하여 무역행위를 영위하는 것을 말하며, 온라인 무역(On-line Trade), 인터넷무역(Internet Trade), 사이버무역(Cyber Trade) 등의 유사한 용어가 있다. 다만, 이러한 다양한 용어의 통일을 기하기 위해 2001년에 개정된 대외무역법에서 법률적 용어로서 전자무역으로 통일하였다.

즉, 전자무역은 무역의 전부 또는 일부를 컴퓨터 등 정보처리능력을 가진 장치와 정보통신망을 이용하여 이루어지는 거래를 말한다.

따라서 우리가 학습하는 글로벌셀러의 무역은 각종 상거래 서식이나 행정 서식을 디지털화하고 상호간의 정보를 전자문서의 형태로 바꾸어 인터넷을 통해 컴퓨터로 주고받음으로써 신속하고 정확하게 무역업무를 실현하는, 이른바 종이 없는 무역을 구현하는 것이다.

2. 전자무역의 특징

(1) 글로벌 단일시장

글로벌 시장이 지리적·시간적·공간적 제약을 극복하고 가상시장에서 만남으로써 글로벌셀러와 기업들의 세계화전략이 비교적 쉽게 이루어질 수 있게 되었다. 더불어 정보의 공유를 통해서 지역 간에 격리된 시장이 전 세계적으로 통합된 하나의 단일시장으로 변화되고 있다. 이러한 통합된 단일시장은 가격의 단일화와 시장가격의 하락을 유도함으로써 거래의 증가, 제품선택의 다양성 등을 제공하고 있다.

(2) 거래 가격의 단일화 및 하락

전자무역 시장은 진입장벽이 낮아 다수의 공급자로 인한 유통비용의 하락을 가져왔다. 이는 전반적인 제품과 서비스 가격 하락을 유도하며 거래비용이 절감되었으며, 기존 업체와의 가격경쟁이 가능한 시스템을 제공하였다. 특히 글로벌셀러의 등장과 거래참여는 해외직구, 직접배송 등 유통시스템의 변화를 가져왔으며 시장 거래가격의 하락을 부추기고 있다.

(3) 글로벌 마케팅 활동

전통적인 글로벌 마케팅은 세계기업만의 전유물이었으나, 전자무역에서의 글로벌 마케팅은 인터넷이라는 새로운 매체의 등장으로 인해 비교적 저렴한 비용으로 글로벌 소비자를 대상으로 문자와 그림은 물론, 음성과 영상 등 다양하고 효과적인 방법으로 회사나 제품을 소개할 수 있게 되었다.

(4) 손쉬운 거래 정보의 획득

인터넷을 통해 각국 정부와 무역유관기관 그리고 개별 기업들의 홈페이지에 접속함으로써 현지 정보와 무역에 관련된 수많은 정보들을 손쉽게 찾을 수 있다.

(5) 중소기업의 성장 가능성 증대

인터넷의 등장으로 중소기업들도 문자·그림·음성·영상 등을 활용한 각종 광고기법을 이용하여 자사의 제품을 소개할 수 있을 뿐만 아니라, 시간적·공간적 제약 없이 자사제품을 글로벌 소비자에게 제공할 수가 있게 되었다.

따라서 중소기업이 대기업과 적어도 인터넷 상에서는 경쟁할 수 있으며, 진취적이고 독창적인 사업구상을 통해 글로벌 시장을 석권할 수 있는 가능성도 높아졌다.

(6) 새로운 국제운송 물류 시스템의 도입

주문과 동시에 상품을 공급받고자 하는 소비자들이 욕구는 새로운 국제운송 물류 시스템을 필요로 하게 되었다. 즉시배송, 지능배송, 예약배송 등 다양한 배송서비스가 도입되며, 드론배송 등을 통한 지리적 제약도 사라질 것으로 예상된다.

3. 전자무역 절차

(1) 해외시장조사

외국과 무역거래 시 비용과 위험을 최소화하고 이윤을 극대화하기 위해서는 신속정확한 해외시장조사가 필수적인 전제조건이다.

해외시장조사 시 대상 시장의 전반적 개황 즉, 정치, 경제, 사회, 풍토, 기후, 언어 등을 조사한 다음 취급상품에 대한 세부적인 내용인 무역관리제도, 시장특성, 시장경쟁제품, 유통구조, 경쟁상대, 거래처 등을 조사하는 일련의 단계를 거치게 된다.

(2) 거래처의 발굴

해외시장조사를 통해 경쟁력 있는 목표시장을 선택하였다면, 그 다음은 믿을만한 유능한 거래처를 발굴해야 한다.

거래처 발굴을 위해서는 자체 홍보물의 제작과 배포, 해외 광고의 이용, 해외 공공기관의 이용, 각종 사절단 및 전시회 참가 그리고 직접 현지를 방문하여 탐색하는 것이 필요하다. 또한 거래알선 사이트(e-Marketplace) 등 중개플랫폼을 활용하여 탐색할 수 있다.

4. 온라인 신용조사

무역거래 시 거래 업체에 대한 신용상태를 확인하는 것은 대금결제, 클레임 및 향후 거래 등 위험요소를 사전에 예방할 수 있어 매우 중요하다. 특히 비교적 저렴한 비용으로 인터넷을 통해 거래상대방의 다양한 정보를 습득하고 분석할 수 있다.

이러한 신용조사에 있어서 기본적으로 조사할 내용은 당해 업체의 성격(Character), 자본(Capital), 및 능력(Capacity) 등의 항목이다.

또한 신용조사는 현지 업체를 통한 '동업자조회(Trade Reference)'와 국제적인 금융기관을 통한 '은행조회(Bank Reference)'를 활용할 수 있으며, 관련 조사내용은 e-Mail을 통해 받을 수 있다.

5. 거래 권유를 위한 권유장

전자무역의 경우 거래 권유를 위한 권유장 발송은 e-메일이나 인터넷 팩스 등을 이용한다. 글로벌 시장을 목표로 권유장을 보내는 경우 대부분의 업체는 홈페이지가 구축되어 있으며, 자사의 정보가 잘 정리되어 있어 필요한 권유장을 전자메일을 통해 보낼 수 있다.

6. 문의(Inquiry)

문의란 거래내용에 대한 구체적인 조건과 필요한 사항이 무엇인지 확인하는 서신을 의미한다. 이때 거래 상대방으로부터 긍정적인 답변과 거래에 대한 궁금증을 받게 되는 경우를 대비하여 권유장을 보낼 때 자사의 웹 주소와 전자메일 주소를 기재하는 것은 필수적인 사항이다.

7. 청약(Offer)과 승낙(Acceptance)

인터넷을 통한 거래문의에 대한 답변은 구체적인 거래조건을 명시한 청약서를 작성하여 전자메일로 발송한다. 이후 거래조건에 대한 상호 간 이해관계를 협상하는데, 이때 거래조건에 대한 무조건 합의를 승낙이라고 한다. 일반적으로 승낙행위가 있으면 무역 매매계약이 성립한 것으로 해석한다.

제2절 무역분쟁 해결하기

1. 무역클레임의 의의와 발생원인

(1) 무역클레임의 의의

무역거래에서는 예상하지 못한 클레임(Claim) 발생이 비일비재하다. 클레임이란 어느 한쪽의 당사자가 매매계약의 일부 또는 전부의 불이행으로 인해 발생되는 손해를 상대방에게 청구할 수 있는 권리를 말한다.

(2) 무역클레임의 원인

무역클레임이 발생하는 이유를 살펴보면 간접적 원인과 직접적 원인이 있다. 먼저 간접적인 원인으로는 거래당사자의 의견차이, 언어의 상이함, 법과 상관습의 차이, 신용조사의 미비, 운송의 위험, 가격덤핑, 국가 간 상이한 도량형, 지적재산권 등이 있다.

직접적 원인은 주로 양 당사자의 명시적 행위에서 나타난다. 즉, 매매계약은 거래당사자를 직접 구속하므로 반드시 계약서에는 당사자명과 품명, 품목, 품종, 규격, 수량, 단가, 금액, 포장조건, 선적시기, 결제조건, 신용장조건(개설일자)등, 보험조건, 면책조항, 클레임 통지기한 등을 명확히 약정하게 된다. 그러나 그 이행과정에서 품질불량, 수량의 부족, 고장·불량, 선적 불이행, 불완전 보험계약체결, 대금의 지불지연이나 지불거절, 신용장의 미개설 혹은 지연, 거래알선에 따른 수수료 미지급 등 많은 요인이 클레임의 직접적 요인으로 작용하고 있다.

2. 무역클레임의 제기

(1) 물품의 검사와 통지의무

수입물품을 인도받은 매수인은 이를 수령함에 있어 최우선적으로 그 물품이 계약목적에 합치되는지를 외견상으로 검사한다. 만약 하자 발견, 수량부족 등 문제가 발생하면 지체없이 매도인에게 통지하여야 한다. 이러한 검사와 통지는 매수인의 권리이며 의무이다.

(2) 무역클레임의 제기기간

당사자 간 제기기간에 대한 약정이 있으면 그 기간 안에 제기한다. 만약 약정이 없다면 나라마다 그 제기기간이 다름을 유의한다. 예를 들면 한국은 즉시 통지를 원칙으로 하는데, 즉시 발견할 수 없는 하자에 대해서는 6개월의 기간을 인정한다. 비엔나 협약에서는 합리적인 기간내에 통지하도록 권고하고 있으며, 어떠한 경우라도 2년을 넘지않도록 규정하고 있다.

(3) 클레임의 제기

무역클레임을 제기하고자 하는 자는 반드시 클레임 사실진술서, 청구액에 대한 손해명세서, 검사보고서, 기타 운송서류 등을 구비하여 상대방에게 제출한다.

3. 무역클레임 해결방안

(1) 당사자 간 해결

무역클레임은 청구권 포기와 화해 등을 통해 당사자 간 해결하는 것이 가장 좋은 방법이다.

청구권의 포기(Waiver of Claim)는 피해자가 상대방에게 청구권을 행사하지 않는 경우로서, 이는 대체적으로 상대방이 사전 또는 즉각적으로 손해배상 제의를 통해 해결될 경우에 이루어진다.

화해(Amicable settlement)는 당사자 간 자주적인 교섭과 양보로 분쟁을 해결하는 방법으로서, 당사자가 직접적인 협의를 통하여 상호평등의 원칙하에 납득할 수 있는 타협점을 찾는 것이다.

(2) 제3자의 개입에 의한 해결

당사자 간 원만한 해결이 이루어지지 않는다면 제3자를 통하여 분쟁을 해결할 수 있으며, 이때 알선, 조정, 중재, 소송 등의 방법을 활용할 수 있다.

알선(Recommendation)이란 공정한 제3자가 당사자의 일방 또는 쌍방의 요청에 의하여 사건에 개입하여 원만한 타협이 이루어지도록 협조하는 방법으로 당사자 간 비밀이 보장되고 거래관계가 지속을 유지할 수 있는 장점이 있다.

조정(Mediation)은 양당사자가 공정한 제3자를 조정인으로 선임하고, 조정인이 제시하는 해결안(조정안)에 양당사자가 합의함으로써 분쟁을 해결하는 방법이다. 조정이 성립되면 화해에 의한 판정방식으로 처리, 중재판정과 동일한 효력이 있다.

중재(Arbitration)란 제3자인 중재인을 선임하여, 그 분쟁을 중재인에게 맡겨 중재인의 판단에 양당사자가 절대 복종함으로써 최종적으로 해결하는 방법이다. 중재는 단심제로 진행되며, 법률적 효력이 있다.

소송(Litigation)은 사법재판에 의한 분쟁해결 방법이다. 다만, 외국과의 사법협정이 체결되어 있지 않기 때문에 그 판결은 외국에서 승인 및 집행이 보장되지 않는다. 따라서 소송에 의하여 클레임을 해결하려는 경우에는 피제기자가 거주하는 국가에서 현지 변호사를 법정대리인으로 선임하여 소송절차를 진행해야 한다.

거래절차	기존 무역절차	전자무역 절차
1) 해외시장 조사	무역거래알선기관 자료실 직접방문, 주한 대사관의 자료이용, 현지조사, 무역조사기관에 조사의뢰	통계 및 시장정보를 제공하는 거래상대국 정부, 기업의 웹사이트를 통하여 정보수집, 무역관련기관의 웹사이트를 통하여 수집, 국내외 검색엔진이용
2) 거래물품의 발굴	무역거래알선기관(KOTRA, KOTIS 등) 직접방문 선정의뢰, 국별품목별 수출입 통계 및 디렉토리 활용, 국내외 무역전시회참가, 해외시장개척단 참가	산업통상자원부, 한국무역협회, KTNet, KOTRA 웹사이트방문, 국내외 상품, 기업 전문데이터베이스 웹사이트 방문, 사이버 전시회
3) 마케팅 및 홍보	TV, 신문, 잡지 등의 대중매체를 통한 Mass Marketing, 무역전문잡지 광고, 종이 카탈로그배포, 전시회 참가	웹사이트방문자와 직접 실시간으로 거래하는 Interactive marketing, 홈페이지 구축, 국내외 무역거래 알선사이트 및 검색엔진에 등록, Usenet, Mailing List 등록, 사이버 무역전시회
4) 마케팅 범위	특정지역에 제한된 마케팅 마케팅 시간 제한	• 글로벌 마케팅 • 24시간 활동
5) 거래처 선정	국내외의 상업회의소, KOTRA, 한국무역협회 등에 거래알선의뢰, 디렉토리에서 거래처 선정, 해외출장, 국내외 무역전시회 참가	• 인터넷을 이용한 시장조사에 의하여 거래상품 및 거래처 선정 • 무역거래알선 웹사이트, 유즈넷에서 자기취급상품의 거래처 선정 • 검색사이트를 통하여 거래처 선정 • 유명웹사이트에 배너광고 • 웹사이트상의 전시회 참가
6) 거래제의	• 거래제의를 Business letter, Fax로 발송 • 상대방을 알게된 경로에는 무역거래알선기관명, 전시회명, 디렉토리, 무역간행물, 업자명을 쓴다	• 거래제의를 e-mail로 함. 이밖에 인터넷, Fax도 이용 • 상대방을 알게 된 경위에는 상대방을 알게 한 웹사이트명 가재 • e-mail을 보낼 때 자기회사의 e-mail Address와 홈페이지의 도메인네임을 기재
7) 대면방법 및 장소	물리적 장소에서 거래상대방과 직접 대면 상담	사이버공간에서 거래상대방과 비대면 상담

거래절차	기존 무역절차	전자무역 절차
8) 계약교섭 (의사교환)	조회나 그 회답은 Business letter, Fax, Telex 로 하고 가격표, 상품목록, 견본을 동봉하거나 별봉으로 발송	• 조회 및 그 회답은 e-mail 사용 • e-mail에는 자사의 웹사이트주소, 및 e-mail 주소 기재 • e-mail과 함께 attachment file로서 전자카탈로그, 견본, 그림 및 명세서 동봉 가능 • 조회를 받으면 상대방의 웹 사이트에 방문하여 확인
9) 신용조회	은행신용조회처, 동업자신용조회처, 상업흥신소, 한국무역보험공사, 신용보증기금, KOTRA에 직접 조회의뢰	• 국내외의 신용조사기관의 웹 사이트 방문 • 국내외의 기업신용정보, Database 사이트 방문, yellow page 웹사이트 방문
10) 계약체결	order, offer 및 그 승낙은 Business letter, cable, Fax 이용	• order, offer 및 acceptance는 e-mail 및 internet fax 이용 • e-mail은 법적효력문제가 있으므로 중요한 계약서는 Internet fax로 교환
11) 대금결제	송금결제방법(COD, CAD), 추심결제방법(D/P, D/A), 신용장결제방법(L/C), open account, forfaiting 등으로 결제	신용카드, 전자화폐, 전자수표, 전자자금이체, 드레이드카드, 볼레로 프로젝트, SWIFT에 의한 전자신용장 활용
12) 운송계약	freight forwarder, 항공회사, 해운회사에 직접계약체결	각 운송회사의 웹사이트를 방문하여 운항스케줄, 운임열람, EDI 및 Internet으로 운송계약체결
13) 보험계약	보험회사에 직접방문하여 보험계약신청	보험회사 웹사이트를 방문하여 인터넷 및 EDI로 보험계약체결
14) 통관	서류통관	EDI 통관(paperless 통관)
15) 클레임 및 중재	오프라인 무역거래에서 발생한 클레임은 대한상사중재원에서 중재	온라인 ADR에 의해 해결
16) 무역업무 처리수단	서류, 직접무역 유관기관 직접방문	인터넷, EDI 등의 정보기술 이용
17) 통신수단	business letter, cable, fax, phone	e-mail, internet fax, internet phone

 **강의 노트**

학 과 :

이 름 :

연락처 :

제10장 전자무역과 무역분쟁

1. 전자무역의 특징을 설명하시오.

2. 무역클레임의 직접적 원인을 설명하시오.

3. 제3자 해결방법 중 중재를 설명하시오.

제 11 장

글로벌셀러의 국제마케팅 전략

제1절 국제마케팅의 전개과정

1. 국제마케팅의 전개방향

글로벌 시장에서 성과를 얻기 위해서는 기존의 제품중심 마케팅을 뛰어넘어 기업이미지, 기업의 사회적 활동, 글로벌 소비자와의 관계형성 등 다각적인 마케팅 활동이 요구된다. 국제마케팅의 성립은 경영시야의 변화를 기준으로 국내시장 지향적 시야, 국내 및 해외시장 지향적 시야, 국제시장 지향적 시야의 3단계로 나누어 볼 수 있다.

국내시장 지향적 시야는 기업성장의 결정요인을 국내시장에서 구하고 아직 국제마케팅은 존재하지 않은 단계로서 국내시장의 경쟁격화, 이윤감소, 해외시장에서의 수요증가 등으로 인해 다음 단계로 이행하게 된다.

국내 및 해외시장 지향적 시야에서는 종래의 국내시장과 병행하여 해외시장 지향을 포함하는 해외마케팅 활동을 적극적으로 전개한다.

국제시장 지향적 시야에서는 국내시장과 해외시장을 구별하지 않고 하나의 시장으로 이해하고 국제시장 전체를 지향하는 입장을 취한다.

참고 **기업의 국제마케팅 전개과정**

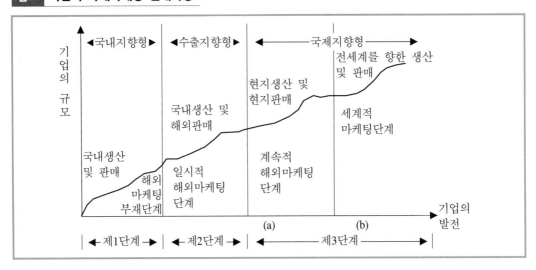

국제마케팅의 전개과정을 4단계로 구분하여 설명할 수도 있다.

(1) 국제마케팅 부재 단계

이 단계에서는 회사 또는 홈페이지를 방문한 고객에게만 판매활동을 한다. 이 단계의 기업이 글로벌 거래를 하고자 하는 경우는 해외 판매를 하고 있는 국내의 도매상이나 유통업체를 이용한다.

(2) 일시적 국제마케팅 단계

이 단계에서는 일시적으로 과잉생산품 등을 처분하기 위해서 국제마케팅 활동이 이루어지며, 목적이 이루어지면 해외 판매 활동은 끝나게 되어 회사조직이나 제품라인에는 거의 변동이 없다.

(3) 계속적 국제마케팅 단계

이 단계에 있는 기업은 글로벌 시장에 판매가 가능한 상품을 지속적으로 생산할 수 있는 능력을 가지고 있다. 또한 이 단계에서는 생산의 기반이 아직까지 국내시장 지향적이며 국제마케팅 상황은 현재 생산되고 있는 제품의 단순한 시장 확대를 추구하는 정도다.

(4) 세계적 마케팅 단계

이 단계에서 기업은 국제마케팅 업무에 많은 관심을 가지게 되며 전 세계를 시장으로 취급한다. 판매제품은 자국시장에 포화상태가 되어 발생한 잉여품이 아니고 처음부터 세계시장을 겨냥해서 생산된 제품이다. 이 단계까지 발전한 기업은 다국적기업으로서의 충분한 역할을 수행할 수 있으며 범세계적인 마케팅활동을 수행한다.

2. 기업활동의 국제화 과정

기업활동의 국제화 과정을 도식으로 표현하면 아래 참고와 같다.

참고 **기업의 활동의 국제화과정**

```
1. 수입 ················································  국내(domestic)마케팅 ─────────┐
2. 간접수출                                                                      │
3. 직접수출 ··········································  수출(export)마케팅 ─────────  │
                                                    개별국간(international)의 마케팅 ─  │
                                                    해외(foreign)마케팅 ─────────  │  국
                                                                                 │  제
4. 해외자회사 ········································                              │  마
5. 실질적 직접투자                                   국제(international)마케팅        │  케
   (단순조립생산, 부품생산)                                                        │  팅
6. 해외자체생산 ······································  해외(foreign)마케팅 ─────────  │
   (생산프로그램-현지국 시장에 적응)                                                │
7. 협력계약, 해외라이센싱,                                                         │
   프랜차이즈계약, 합작투자                                                        │
8. 제3국에서의 공동기업활동                                                        │
9. 초국경적 기업의 제휴, 합병 ·······················  다국적(multinational) 마케팅 ──┘
10. 다국적 기업의 형성 ·······························
```

제2절 국제마케팅 전략 이해하기

1. 국제마케팅 전략의 개념

국제마케팅 전략이란 전사적인 기업목표를 기본으로 한 장기경영 전략에 따라 각 해외시장별 시장기회와 경쟁기업과의 강·약점을 비교·분석함으로써 이윤창출이 가능한 장·단기 마케팅 프로그램을 수립하는 것을 말한다.

이것을 도식으로 표현하면 아래 참고와 같다.

참고 국제마케팅 전략의 수립체계

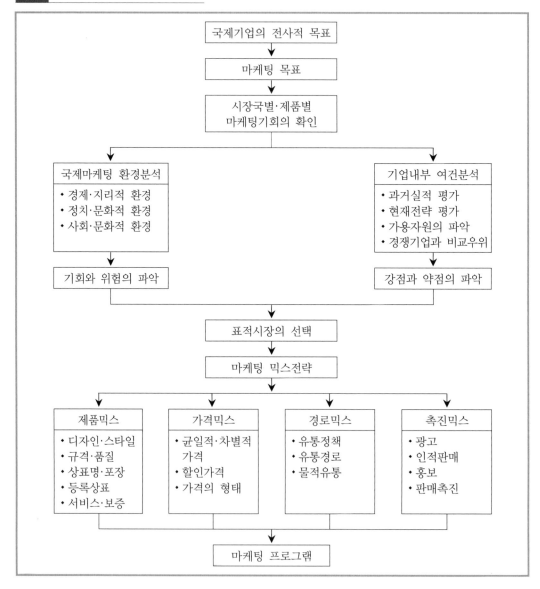

2. 국제마케팅 믹스

국제마케팅 믹스란 기업이 국내외의 통제 불가능한 환경변화에 대응하기 위해 기업내부에서 통제할 수 있는 모든 요소들을 유기적으로 혼합·조정·통합하는 활동을 의미한다. 국제마케팅 믹스를 구성하는 기업내부의 통제가능한 것으로 제품(Product), 가격(Price), 유통(Place), 광고 및 판매촉진(Promotion)의 소위 4P's 요소들이 있다.

글로벌 환경은 국내보다 복잡하기 때문에 믹스구성의 폭이 더욱 넓어지고 복잡해진다. 따라서 기업의 활동영역이 글로벌 시장으로 넓어짐에 따라 기업은 보다 더 이질적인 국제시장 환경에 부딪치게 된다. 이때 이질적인 국제시장 환경을 활용하고, 위험을 회피할 수 있는 효율적인 국제마케팅 전략이 요구된다.

3. 국제마케팅 전략의 표준화와 차별화

국제마케팅 전략 수립 시 표준화(Standardization)와 차별화(Differentiation)는 반드시 고려해야 할 부분이다.

국제마케팅 전략을 표준화함으로써 글로벌 시장에 통일적인 기업의 이미지를 확립할 수 있고 규모의 경제를 누릴 수 있으며 제품판매에 있어서도 본사 또는 다른 해외 자회사와 공동보조를 맞추어 보다 적극적인 입장을 취할 수 있다.

이와는 달리 차별화의 최대 이점은 각국의 특수한 사정을 충분히 고려하여 각 시장에 알맞은 독특한 전략을 세우고 이를 집행함으로써 마케팅 프로그램의 효과를 극대화할 수 있다는 점이다.

그러나 이러한 표준화와 차별화의 장점에도 불구하고 국제마케팅 전략과 프로그램을 완전히 표준화하거나 완전히 차별화하는 것은 사실상 불가능하다. 각국은 시장별로 사회·문화적 특성과 마케팅의 제도와 관습 등이 서로 다르기 때문이다. 따라서 국제기업은 마케팅 전략을 어느 정도 표준화할 것인가 또는 개별시장의 특성에 맞추어 어느 정도 차별화할 것인가를 정해야 한다.

 **강의 노트**

학 과 :

이 름 :

연락처 :

제11장 글로벌셀러의 국제마케팅 전략

1. 해외시장의 진출대안을 비교 설명하시오.

2. 국제마케팅 전략 수립체계를 설명하시오.

3. 국제마케팅의 표준화와 차별화를 설명하시오.

제 **12** 장

글로벌셀러,
이제 시작해 보자

제1절 홈페이지 만들기

1. 홈페이지 만들기

글로벌셀러의 홈페이지 구축은 단지 무역과 전자상거래를 위한 기초작업에 불과하다. 홈페이지는 전 세계 고객 및 국내 고객에게 자신을 선보이는 것이므로 사용 목적에 맞는 최적의 환경조성을 할 필요가 있다.

홈페이지 구축은 웹에서 사용하는 로고, 색상, 콘텐츠의 배치, 그래픽, 기타 멀티미디어 효과 등을 종합적으로 고려해야 한다. 정보제공 서비스는 무엇보다도 사용자가 필요로 하고 사용하기 쉽게 구축하며, 글로벌 소비자를 대상으로 한 마케팅 관점에서 설계할 필요가 있다. 일반적인 홈페이지는 기획하는 절차는 아래 참고와 같다.

참고 **홈페이지 기획절차**

구 분	내 용
목표 설정	마케터, 광고 담당자, 전산부 담당자, 웹 디자이너, 소비자들로 프로젝트팀 구성하여 마케팅의 기본방향을 설정하고, 서로의 역할을 수행·협조하여 웹사이트의 목표를 설정한다.
사업계획서 작성	목표달성을 위한 시장분석, 예산수립, 계획일정표, 기대효과 등의 구체적인 사업전략계획서를 작성한다.
네트워크 구축	인터넷에 웹사이트를 갖기 위한 네트워크(자체 서버, 인터넷 서비스업체 이용)를 구축한다.
컨셉 결정	인터넷 마케팅 목표에 적합한 콘텐츠 구성을 위해 목표집단의 성격이나 시장상황을 고려하여 개념있는 컨셉(Contents with concept)을 결정한다.
웹사이트 설계·제작	체계적이고 효율적인 웹사이트 제작을 위해서 페이지별로 스토리 보드를 작성하고 이를 기초로 체크포인트를 작성한다. 또한 전달하고자 하는 내용을 한눈에 알아볼 수 있도록 보기좋게 디지인 한다.
도메인 등록	기억하기 쉽고, 의미있는 도메인 이름을 결정하여 인터넷위원회에 도메인 이름을 등록하고 주소를 부여받는다.
관련법규 점검	웹사이트에서 제공되는 자료에 대해 지적재산권 및 상거래 관련법에 저촉되는 내용이 없는지 검토하고, 자기 고유의 창작물에 대해서 소유권을 명시한다.
최종 점검	최초에 설정했던 목표에 맞게 구성되었는지, 제작도구들이 제대로 작동하는지 전체적인 웹사이트 운영을 점검한다.
웹사이트 홍보	검색엔진, 배너광고, 관련 웹사이트와의 하이퍼링크 등을 활용하여 인터넷 사용자의 방분을 유도한다.
유지, 보수 및 업데이트	웹사이트의 유지 및 보수 등의 관리와 최신자료의 신속한 업데이트 등의 부가서비스를 제공한다.

2. 홈페이지 차별화전략

(1) 다양한 상품

글로벌 시장을 대상으로 한 홈페이지에서 많은 상품을 팔수록 고객이 물건을 선택할 수 있는 가능성은 높아진다. 홈페이지에 많은 상품을 업로드 한다고 많은 비용이 들어가지는 않기 때문에 적은 노력으로 많은 이익을 얻을 수 있다.

(2) 차별화된 상품

다양한 상품만큼 차별화된 상품이 필요하다. 다른 경쟁업체들이 판매하지 않는 상품을 판매함으로써 차별화 할 수 있다.

(3) 가격 차별화

가격은 거래처 및 고객을 유인하는 가장 중요한 요인중 하나다. 할인판매, 무료배송 등 차별화된 가격정책이 필요하다.

(4) 충분한 상품정보

오프라인 시장에서는 구입하고자 하는 상품을 직접 만져볼 수가 있다. 하지만 웹 상황에서는 이것이 불가능하다. 이러한 차이를 극복하기 위해 상세한 제품설명, 시각적인 멀티미디어 활용 등 충분한 상품정보의 제공이 요구된다.

(5) 온라인 결제수단

고객에게 편리한 결제수단을 제공한다. 알리페이, 페이팔, 페이오니아 등 간단한 온라인 결제가 가능한 서비스를 제공한다. 주의할 점은 결제수단에서 가장 중요한 것은 고객으로부터 보안에 대한 신뢰를 얻는 것이다.

(6) 주기적인 업데이트

거래처 및 고객은 항상 새로운 것을 요구한다. 따라서 주기적으로 다양한 내용을 업데이트 할 필요가 있다. 정기적인 갱신이 이루어진다면 고객은 항상 새로움을 느낄 것이다.

(7) 일대일 마케팅

고객의 소비행태를 비교·분석하여 고객에게 맞춤화된 상품을 추천함으로써 고객만족을 극대화할 수 있다.

(8) 제반 법령 및 인프라 구축

Cross-Border e-Commerce가 활발히 일어나기 위해서는 제반 법령 및 인프라 구축이 필수적이기 때문에 관련 단체 및 정부는 항상 새로운 흐름을 확인하고, 글로벌 시장에서 뒤지지 않도록 제반 환경 정비를 위해 노력해야 한다.

제2절 글로벌셀러의 마케팅

1. 인터넷 마케팅의 이해

(1) 전통적인 마케팅 개념

전통적인 마케팅은 시장에서의 교환을 통하여 인간의 필요와 욕구충족, 기업의 생존과 성장이라는 목적을 달성하는 과정을 말한다. 또한 기업 입장에서의 전통적인 마케팅은 기업의 생존과 성장목표를 달성하기 위하여 고객을 만족시키는 제품, 가격, 유통, 촉진활동을 계획, 실행하는 관리과정을 의미한다.

(2) 인터넷 마케팅의 개념

인터넷 마케팅이란 컴퓨터 등 정보매체가 제공하는 가상공간에서 고객과의 관계 형성 및 실시간 상호작용이 가능한 양방향 커뮤니케이션을 통한 마케팅 활동을 말한다. 즉, 인터넷은 마케팅의 새로운 방법으로까지 성장하게 되었고 글로벌 마케팅의 핵심이 되었다. 그러므로 인터넷 마케팅이란 개인이나 조직이 인터넷을 이용한 연결과 양방향 커뮤니케이션을 바탕으로 마케팅 활동을 하는 것이라 할 수 있다.

인터넷을 이용해 사업을 한다는 말은 글로벌 시장에서 고객에게 물품을 판매하거나 고객이 서비스를 받기 위해 인터넷으로 판매자에게 접촉하는 모든 행위를 말한다.

2. 인터넷마케팅의 좋은 점

(1) 고객 관리

인터넷이 가지고 있는 주요 기능의 하나인 전자우편과 게시판은 고객과 상호의견을 교환하고 고객의 불평과 아이디어를 수시로 마케팅에 반영하는 데 도움을 준다.

(2) 판매경비 절약

인터넷에 의존하는 판매는 온라인으로 들어오는 주문을 확인하고 물품을 발송하는 최소한의 인원만 있으면 되기 때문에 인건비의 절감 등 판매경비가 절약된다.

(3) 공간상의 이점

인터넷 마케팅에는 물건을 전시하고 고객을 직접 상대해야 하는 매장이 따로 필요가 없어서 공간상의 이점이 있다.

(4) 시간 절약

인터넷을 통한 구매는 일상화되었으며, 국제무역에 있어서 장애요인이 되고 있는 시차를 쉽게 극복할 수 있는 장점이 있다. 이는 24시간 글로벌 시장을 대상으로 마케팅할 수 있다는 것을 의미한다.

(5) 접할 수 있는 정보의 양

웹을 이용한 인터넷 마케팅은 적은 비용으로도 무제한 정보제공이 가능하다. 시간이나 지면을 염려할 필요 없이 링크, 영상, 멀티미디어 등 다양한 방법으로 정보제공을 할 수 있다.

(6) 유통구조의 변화

제조업자가 인터넷을 이용하면 직접 상품을 안내하고 주문을 받을 수 있기 때문에 중간 유통상의 역할이 단순 중개에서 상품배송, 가격비교, 구매대행 등 새로운 형태로 변화한다.

(7) 중소기업의 경쟁력 강화

홈페이지만으로 기업의 규모를 파악할 수 없다. 그래서 중소기업들도 산뜻한 디자인과 충실한 내용전달을 통해 마케팅 경쟁력을 강화할 수 있다.

3. 골라먹는 인터넷 마케팅

(1) 프로슈머 마케팅(Prosumer Marketing)

프로슈머 마케팅은 소비자 즉 고객이 상품개발의 주체가 되는 것으로 기업들이 제품을 개발할 때 소비자의 욕구를 파악하여 그에 부합하는 상품을 시장에 내놓는 것을 의미한다. 이는 제품 개발의 주체가 과거 기업에서 고객으로 옮겨가는 것으로, '다품종 소량생산', 심지어는 '전 품종 주문생산'의 경향을 보이기도 한다.

프로슈머 마케팅 전략은 고객이 스스로 자신이 원하는 가치를 규정하고 이를 창출하는 과정에 개입하도록 유도하는 것을 말한다. 프로슈머화 된 고객을 통해 기업은 고객 가치의 보다 정교한 측정과 창출이 가능하게 되고 나아가 기업 경쟁력을 극적으로 개선시킬 수 있게 된다.

프로슈머 마케팅의 기대효과로는 고객만족의 증대, 신제품 개발에 필요한 비용절감, 시장에서의 고객선점 등이 있다.

(2) 맞춤형 마케팅(Micro Marketing)

고객들은 다양성을 추구하는 경향이 갈수록 확산됨에 따라 기업들도 취미, 인종, 소득 등을 기준으로 고객층을 나눈 후 여기에 맞춰 제품을 개발해 판매하는 방식을 맞춤형 마케팅이라 한다. 즉, 소비자의 개별적인 수요를 분석함으로써 고객 개개인을 '나는 특별하다'는 의식을 만족시켜 주는 마케팅 기법이다.

이제는 일반 대중을 대상으로 판촉활동을 벌이는 매스마케팅의 시대가 아니라 개개인을 상대하는 맞춤형 마케팅 시대다. 고객을 세분화한 후 제 때 정확한 메시지를 제대로 전달하지 못하면 제품을 팔 수 없는 시대가 된 것이다.

(3) 관계마케팅(Relationship Marketing)

기업의 이윤은 결국 소수의 단골고객이 만들어준다는 점에서 출발한 관계마케팅은 기존의 관점과 달리 판매자와 구매자의 지속적인 관계를 구축함으로써 서로 윈윈(Win-Win)할 수 있도록 하는 관점의 마케팅 전략으로 기업과 고객 간 인간적인 관계에 중점을 두고 있다. 이제는 소비자와의 협력관계 부족으로 인해 발생되었던 전통적인 마케팅 범주에서 벗어나, 소비자와의 관계를 구축하고 고객 서비스와 품질을 시장 지향적으로 통합하여 협력관계를 강화하는 것이 강조되고 있다. 즉, 관계 마케팅은 고객을 획득하고 유지하는 두 가지 측면을 강조하고 있다.

(4) 공동마케팅(Co-Marketing)

공동마케팅은 서로 도움이 될 만한 파트너끼리 힘을 합치는 것을 의미한다. 이러한 공동마케팅은 각 기업의 연구, 개발, 생산, 판매 등 모든 과정을 통해 광범위하게 적용될 수 있고 시간적, 경제적 비용을 절감할 수 있으며 서로의 약점을 보완, 시너지 효과를 기대할 수 있다.

공동마케팅은 공생마케팅과 하이브리드 마케팅으로 구분할 수 있다. 공생마케팅은 참여하는 업체가 경쟁관계에 있는 경우며 자신의 브랜드는 그대로 유지한다. 흔히 경쟁관계에 있는 업체끼리의 제휴라는 면에서 적과의 동침이라고 불리기도 한다.

하이브리드 마케팅은 참여 업체가 서로 다른 업종인 경우로, 역시 자신의 브랜드는 그대로 유지한다. 공동 마케팅이 제조업체와 유통업체 간의 제휴에서 비롯되었다는 것을 고려하면 하이브리드 마케팅은 공동 마케팅의 가장 일반적인 형태라 할 수 있다.

(5) QR 코드 마케팅(Quick Response Code Marketing)

QR코드는 흑백 격자무늬 패턴으로 정보를 나타내는 매트릭스 형식의 바코드로 기존 바코드보다 훨씬 많은 정보를 담을 수 있는 격자무늬의 2차원 코드이다. QR코드 마케팅은 바로 QR코드를 통해 소비자에게 접근하는 마케팅을 의미한다.

QR코드는 버스정류장, 버스 외부, 지하철 스크린 도어, 간판, 제품, 디지털샤이니즈, 명함, 건물 외벽, 신문, 벽보 등 다양한 형태로 오프라인과 연계한 마케팅이 가능하다.

또한 소비자들은 QR코드를 통해 기업이 제공하는 정보에 접근하여 이벤트에 참여하거나 다양한 의견을 제시할 수 있고, 기업은 이를 반영하여 보다 발전된 제품 기획이나 서비스 제공이 가능하게 된다.

(6) 기술 마케팅(Technology Marketing)

기술마케팅은 기업이 전략적인 관점에서 어떠한 기술이 필요하며, 이를 어떻게 획득하고, 보유한 기술을 어떻게 활용할 것인가에 대한 의사결정 및 수행과정이라고 정의할 수 있다. 기술마케팅은 기술적 잠재력을 극대화하거나, 기술정보 관련 네트워크 혹은 전략적 제휴 관계를 확립하는 데 목적이 있으며, 목표그룹은 R&D 전문가, 생산관리자 등이다. 더불어 기술시장에서는 노하우, 특허, 프로토 타입, 프로젝트 등이 거래수단이 된다. 다만 기술시장은 시장실패가 발생할 소지가 매우 크므로 비시장 메커니즘을 통한 거래가 더 중요하다. 따라서 기술마케팅에서는 전문가 그룹이 기술에 대해 부여하는 평판을 관리하는 것이 일반적이다.

(7) 컬러 마케팅(Color Marketing)

컬러를 이용한 모든 마케팅을 컬러 마케팅으로 부른다. 컬러를 이용하여 구매 욕구를 증가시키며 컬러가 가지고 있는 이미지를 통해 브랜드의 가치를 높이는 것이다.

컬러 마케팅은 거의 모든 제품과 시장에서 적용할 수 있다. 특히 젊은 세대는 제품의 성능과 디자인보다는 색상 즉, 컬러를 통한 구매욕구가 강하기 때문에 글로벌셀러는 컬러에 더 집중할 필요가 있다.

📝 강의 노트

학 과 :

이 름 :

연락처 :

제12장 글로벌셀러 이제 시작해 보자

1. 프로슈머 마케팅을 설명하시오.

2. 컬러마케팅을 설명하시오.

3. 홈페이지 기획절차를 설명하시오.

글로벌 시장을 공략해 보자

제1절 e-Marketplace 이해

1. e-Marketplace의 개념

e-Marketplace는 B2B거래의 한 종류로서 인터넷상에서 불특정 다수의 공급자와 수요자간의 비즈니스 거래를 유발시켜 주는 가상의 시장(매개공간)으로 전자장터의 역할을 수행한다. 또한 Off-line상의 모든 거래를 On-line으로 전환하는 e-Business 진입로라고 할 수 있다. e-Marketplace는 효율적으로 시장에 참여하는 구매자와 공급자의 수를 증가시킬 수 있으며, 판매자의 판로 개척과 구매자의 상품조달 등 거래당사자의 편익을 증대시킨다. 즉, e-Marketplace는 기존의 오프라인 시장에서 이루어지던 기업의 모든 활동이 인터넷을 통해 온라인 상에서 이루어질 수 있도록 하는 중개자 역할을 수행한다.

2. 다양한 e-Marketplace

(1) 수직형 e-마켓플레이스(Vertical e-Marketplace)

수직형 e-마켓플레이스는 특정한 산업에 초점을 맞춘 시장이다. 따라서 기계, 섬유, 화학, 철강, 자동차, 첨단산업 등 전통적인 산업분류에 따라서 각 산업의 특성을 반영하여 구성된다. 따라서 수직형 e-마켓플레이스는 특정 분야에 대한 전문적인 지식과 경험, 풍부한 콘텐츠의 제공, 다양한 공급자의 확보와 긴밀한 유대관계, 구매자의 조기 확보 등이 중요한 성공요인이라 할 수 있다.

(2) 수평적 e-마켓플레이스(Horizontal e-Marketplace)

수평적 e-마켓플레이스는 다양한 산업에 걸쳐 동일한 기능이나 비즈니스 프로세스를 제공하는 형태를 말한다. 이는 보편적 서비스의 제공이라는 장점이 있지만 다양한 고객들의 요구를 모두 만족시킬 수 있는 전문성의 결여라는 부정적인 면을 함께 가지고 있다. 따라서 수평적 e-마켓플레이스는 프로세스 표준화, 프로세스에 대한 지식과 자동화에 대한 전문성, 고객의 특별한 요구를 소화할 수 있는 능력 등이 중요한 성공요인이 된다.

(3) 카탈로그형(Catalog e-Marketplace)

카탈로그형은 판매자가 상품의 가격, 품질, 특허 등의 정보를 웹상에 올려놓고 이를 본 구매자가 웹상에서 바로 구매하는 방식이다. 이 유형은 상품의 종류가 매우 다양하고 판매자와 구매자가 많아서 종이 카탈로그로는 목적한 상품을 발견하기가 힘든 경우, 소규모 거래로 인해 각각의 거래를 협상하기에 많은 비용이 발생하고 제품가격이 비교적 안정적인 경우에 적합한 형태이다.

(4) 경매형(Auction e-Marketplace)

경매형은 경매라는 메커니즘을 이용한 최적의 쇼핑을 통해 상거래를 하는 방식이다. 이 유형은 기업이 보유하고 있는 잉여재고의 처리, 중고품, 희소품, 부패하거나 없어지기 쉬운 제품 그리고 서비스를 다루는 경우에 적합하다.

(5) 역경매형(Reverse Auction e-Marketplace)

역경매형은 경매형의 상반된 개념으로 구매자가 자신이 사고자 하는 물품에 대한 사양과 거래조건 등을 제시한 후, 다수의 공급자 중 최적의 가격과 거래조건을 제시한 공급자로부터 이를 구매하는 방식이다. 이 유형은 강력한 구매력을 가진 소수의 구매자와 복수의 공급자가 존재하는 시장에서 구매자가 저렴한 가격에 대량으로 구매할 경우에 적합하다.

(6) 익스체인지형(Exchange e-Marketplace))

익스체인지형은 전통적인 주식시장의 거래방식과 같은 양방향 경매방식이다. 이 유형은 상품의 수급관계와 가격이 매우 유동적인 시장에서 상품의 스펙이 정해진 원부자재나, 범용성이 높고 표준화된 상품의 거래에 적합하다. 구매자의 입장에서는 필요한 부품, 상품 등을 신속히 조달할 수 있고, 판매자는 최적의 시장가격으로 상품을 판매할 수 있다는 이점이 있다.

제2절 글로벌 시장 공략하기

1. 인터넷 시장조사

인터넷을 이용하여 해외시장 조사를 하는 것은 아주 쉬운 작업 중 하나다. 글로벌셀러는 인터넷을 통해 판매하려는 지역에 관한 모든 자료와 정보, 예를 들어, 수출입의 통제, 무역거래 관습 및 소비자 트렌드 등을 각국의 정부기관 사이트나 기업의 웹사이트를 통해 자신의 상품을 판매하기에 가장 적합한 국가와 수요지를 물색하고 적당한 거래처들을 선정하는 작업을 해야 한다.

인터넷 시장조사를 통하여 얻을 수 있는 정보로는 거래알선, 시장동향, 소비자동향, 무역관련정책, 법률정보, 수출입 통계, 시장보고서, 무역관련제도 등이 있다. 이러한 정보를 얻기 위해서는 다음과 같은 시장조사가 요구된다.

① **일반사항** : 해당국의 정치, 경제, 사회, 문화, 종교, 인구, 언어 등
② **경제동향** : 경제성장, 국민소득, 물가, 임금, 고용, 국제수지 등
③ **산업동향** : 산업구조 특히 제조업 등
④ **무역동향** : 대외무역구조, 특히 품목별, 지역별 경쟁국 진출동향 등
⑤ **무역관리제도** : 통화정책, 수입관리제도, 대한 수입규제, 기타 관세율 및 외환관리제도 등
⑥ **시장특성** : 일반적인 시장특성 외에 소비자계층, 상관습 및 구매 시기, 유통구조의 형태, 주요
　　　　　　　수입상 명단 등
⑦ **시장접근방법** : 중개상, 전문 수입상, 도매상 등
⑧ **기타사항** : 해당국의 항만사정, 통신시설, 여행 및 거래 시 유의사항, 소비자 분석 등

2. 거래선 발굴과 신용조회

거래처 발굴에는 보다 신중하고 효과적인 방법이 동원되어야 한다. 인터넷을 통한 해외거래선 발굴의 유형에는 국내외 무역거래알선 사이트, 인터넷 무역전문업체 웹사이트, 국내외 검색엔진, 해외홍보업체 웹사이트, 해외전문 카탈로그 디렉토리 및 인터넷 기업 디렉토리 등을 활용하는 방법이 있다.

무역거래는 신용을 바탕으로 이루어지고 있기 때문에 신용조회는 매우 중요하다. 신용조회 시 Character, Capital, Capacity 등 3C's는 반드시 확인해야 할 부분이다. 먼저 Character는 상대방의 성실성, 영업태도, 업계의 평판, 계약이행에 대한 열의, 인격 등에 관한 내용을 살펴보는 것이다. Capital은 상대방의 재정상태, 즉 수권자본과 납입자본, 자기자본과 타인자본의 비율, 기타 자산상태 등 지급능력에 관한 내용이다. 마지막으로 Capacity는 상대방의 영업형태, 연간매출액 및 생산능력, 연혁 내지 경력 등 영업능력에 관한 내용을 살펴본다.

3. 구매권유와 청약

(1) 구매권유

꼼꼼한 조사를 통해 발굴한 거래처에 구매 권유를 위한 권유장을 발송한다. 권유장 발송은 목표로 한 시장의 거래대상 기업을 일정 비율로 분류하여 시차를 두고 진행한다. 이는 현지 업체들에게 스팸메일처럼 발송한 것이 아니라 특별한 관심과 분석을 통해 발굴하였다는 인상을 주는 것이 유리하기 때문이다.

(2) 청약

청약이란 청약자가 피청약자에게 일정한 조건으로 계약을 체결하고 싶다는 의사표시로서 피청약자의 승낙이 있으면 계약이 성립하는 일방적이고 확정적인 의사표시를 말한다.

청약의 발행지 기준으로 국내발행/국외발행 청약이 있다.

청약의 확정력 기준으로는 확정청약과 자유청약, 반대청약이 있다. 확정청약은 청약자가 청약내용에 대하여 승낙 회답의 유효기간을 지정하고 그 기간 내에 승낙의 의사표시를 인지하면 계약이 성립되는 청약이다. 자유청약은 불확정청약이라고 하며, 청약의 유효기간이 정해져 있지 않고 보통 권유장과 함께 보내진다. 자유청약은 피청약자가 승낙을 하여도 청약자의 재확인이 필요하며, 청약자의 자유의사에 따라 언제든지 청약내용을 변경하거나 취소가 가능하다. 반대청약은 피청약자가 청약에 대해서 그 조건을 변경하거나 혹은 새로운 조항을 추가한 청약을 청약자에게 한 것을 의미한다.

청약의 철회는 청약의 효력을 소멸시키는 의사표시이다. 이것은 반드시 상대방에게 통지되어야 하고, 그 통지는 상대방이 청약을 승낙하기 전에 상대방에게 도달해야 한다.

청약의 승낙이란 피청약자가 청약자의 청약에 대하여 그 청약의 내용 또는 조건을 무조건 모두 수락하고 계약을 성립시키겠다는 의사표시를 말하는 것이다. 즉, 계약이 성립되려면 승낙이 청약의 유효기간 내에 청약의 모든 내용에 대해 무조건 승낙하는 완전한 승낙이어야 한다.

4. 무역계약의 체결

해외바이어가 수출자의 청약을 승낙하는 경우 e-mail 승낙과 함께 구매계약서를 수출자에게 보내고, 해외바이어가 수출자에게 보낸 구매주문을 수출자가 수락하는 경우 해외바이어에게 매도계약서를 보낸다.

무역계약은 청약과 승낙을 통한 당사자 간의 합의에 의해 성립하므로 계약서의 작성이 반드시 필요한 것은 아니다. 그러나 매매당사자 간 발생할 수 있는 분쟁을 방지하기 위해서 무역계약의 조건을 명백히 할 필요가 있으며, 또한 이를 문서화하여 서명한 매매계약서를 상호 교환하여 보관하는 것이 필요하다.

매매계약서의 기재내용은 거래상대방, 상품의 내용, 상품의 목적지 등에 따라 달라지지만, 결국 매매 당사자 간에 합의된 사항을 빠짐없이 정확히 기재해야 한다. 매매계약서에 기재될 사항은 일반적으로 거래 시마다 결정하여야 할 사항 즉, 품명, 품질, 규격, 수량, 가격, 선적 등에 관한 사항과 일반적으로 모든 거래에 공통되는 사항 즉, 불가항력, 무역조건, 권리침해, 클레임조항, 중재, 준거법 등에 관한 사항이 있다.

 강의 노트

학 과 :

이 름 :

연락처 :

제13장 글로벌 시장을 공략해 보자

1. 전통무역과 전자무역의 차이점을 설명하시오.

2. 신용조회 내용을 설명하시오.

3. e-Marketplace를 설명하시오.

글로벌은 나의 놀이터

제1절 우리의 무대는 세계다

1. 중개형 e-비즈니스 모델

(1) 중개형(Brokerage Model)

중개형 모델은 구매인과 판매인을 한곳에 모아 거래를 촉진하는 역할을 하는 모델이다. 이 모델은 기업 간(B2B) 거래는 물론 B2C, C2C에 모두 적용할 수 있으며, 중개인은 성사된 거래에 수수료를 부과함으로써 수입을 확보한다.

중개형 모델에는 단순매도·매수 주문소화형, 시장거래소형, 고객모집형, 유통·배급자형, 가상몰형, 경매형, 역경매형, 검색대행형 등이 있다.

단순매도·매수 주문소화형은 온라인 여행사가 티켓 및 호텔예약을 제공하는 경우로서 거래수수료를 매도인과 매수인 모두 에게 부과한다. 시장거래소형은 중개인이 판매자에게 성사된 거래금액의 일정 몫을 중개수수료로 받는 것으로, 주로 B2B 시장에서 볼 수 있다. 고객모집형은 공동구매 형태로 진행되어 대량구매자에게 적용되는 할인가격에 구입할 수 있도록 한 모델이다. 유통·배급자형은 소매상과 제조업체를 연결해 주는 카탈로그형 사업이며, 가상몰형은 온라인 상인들을 모아 주는 중개모델이다.

경매형은 판매자를 위해 경매를 주관하며 성사된 거래에 대하여 일정 몫을 수수료로 받는 모델이며, 역경매형은 구매자가 스스로 구매수량과 가격을 제시하고 판매자가 여기에 입찰하는 방식이다. 검색대행형은 로봇같은 검색에이전트를 이용해 가장 저렴한 가격이나 조건을 갖춘 경우를 찾아내 거래를 촉진하는 모델이다.

(2) 광고형(Advertising Model)

광고형 모델은 웹사이트에 콘텐츠를 제공하고 전자우편이나 채팅, 뉴스서비스를 제공하면서 배너광고 등을 게시하여 수입원으로 삼는 모델이다. 이 광고형 모델은 웹사이트의 트래픽이 많거나 매우 특화된 고객들로 이용자가 구성되어 있을 경우에 매우 유효하다.

광고형 모델에는 일반 포털형, 개인화 포털형, 특화 포털형, 인센티브 마케팅형, 바겐 할인형 등이 있다.

일반 포털형은 일반적이고 다양한 콘텐츠나 서비스를 가지고 주로 월 1,000만 이상의 방문자 같은 높은 트래픽을 추구하는 사업모델이다. 개인화 포털형은 일반 포털이 가지고 있지 않은 개인 이용자의 특성과 기호를 고려한 소위 개인 맞춤형 포털이며, 전문 포털형은 골퍼, 게임, 수험생 등 특정한 충성고객을 대상으로 한 사업모델이다.

인센티브 마케팅형은 어떤 광고(콘텐츠)를 보거나, 정보제공, 이벤트에 참여한 방문객 수에 기초해 광고료를 지불하는 모델이며, 바겐 할인형은 원가보다 낮게 상품을 판매하면서 광고를 통해 이익을 창출하고자 하는 모델이다.

(3) 정보중개형(Informediary Model)

소비자 정보는 기업의 효과적인 마케팅을 위한 매우 중요한 자료다. 인터넷에서 고객정보를 모아 기업에 판매함으로써 수익을 창출하는 것이 정보중개형 모델이며, 여기에는 추천 시스템형과 등록 모델형이 있다.

추천 시스템형은 판매회사, 제품 또는 서비스에 대하여 이용자들이 서로 의견을 교환할 수 있도록 서비스를 제공하는 모델이며, 등록 모델형은 개인정보를 등록 시 다양한 인센티브를 제공하는 방법으로 고객정보 DB를 구축하며, 등록을 통해 고객의 검색습관 등 상세한 고객정보를 취득하여 광고주에게 제공하는 모델이다.

2. 상인형 e-비즈니스 모델

(1) 상인형(Merchant Model)

상인형 모델은 전통적인 도·소매상처럼 인터넷을 이용해 상거래를 진행한다. 매출은 카탈로그에 제시된 가격이나 경매를 통해 결정된 가격에 따라 발생하며, 때로는 전통적 상점에서는 불가능한 상품이나 서비스를 취급해 수익을 창출하기도 한다.

상인형 모델에는 물리적인 점포 없이 웹상에서만 운영되는 비즈니스로서 소위 e-tailer로 불리는 가상 상인형, 메일오더 방식으로 거래를 행하는 카탈로그 상인형, 점포망과 웹 채널을 동시에 보유한 Click-and-Mortar형, 그리고 순수한 디지털 제품만을 웹으로만 판매와 배급을 하는 비트 밴더형 등 4가지 유형이 있다.

(2) 제조업체형(Manufacturer Model)

제조업체형 모델은 제조업체가 중간상을 거치지 않고 직접 소비자를 접촉하기 위한 사업 모델이다. 이 모델은 기존의 유통망을 붕괴시킬 수 있다는 점 때문에 가격정책, 고객서비스 등에서 기존 유통망과의 마찰을 초래할 가능성이 있어 효과적인 유통망 관리가 핵심적인 성공요인이다.

(3) 제휴형(Affiliate Model)

제휴형 모델은 고객이 인터넷상에서 탐색하는 것에 따라 어디서든지 구매기회를 제공하는 모델로서, 만일 제휴업체가 파트너에게 아무런 매출도 유도하지 않으면 상점 입장에서는 아무 비용도 지불할 필요도 없어 매우 활발하게 적용되고 있는 모델이다.

3. 다양한 e-비즈니스 모델

(1) 커뮤니티형(Community Model)

소위 트래픽 위주의 모델과 달리 이용자의 충성도에 기초한 비즈니스 모델로서 이용자들은 많은 시간과 노력을 커뮤니티에 투자하는 것이 보통이다. 따라서 B2C 보다는 B2B모델로서 많이 활용되고 있다.

지속적으로 사이트를 방문하는 이용자들에게 광고, 정보중개 또는 전문적으로 특화된 포털 서비스 기회를 제공하는 모델이며, 때로는 서비스 이용료 받는 경우도 가능하다.

(2) 회원가입형(Subscription Model)

신문구독이나 잡지구독처럼 이용자가 회원가입 등을 통해 접속에 대한 대가를 지불하는 모델로서 고부가가치 콘텐츠 보유가 중요한 비즈니스 모델이다.

(3) 과금형(Utility Model)

이 모델은 수도요금이나 전기요금처럼 이용량에 따라 이용료를 지불하게 하는 모델로서 이용한 정보량을 시간단위 또는 정보바이트 단위로 제대로 측정하고 과금하는 능력이 중요한 모델이다.

제2절 새로운 시장, 새로운 기회

1. 전자무역에서 글로벌셀러까지

(1) 유통채널의 단순성

글로벌셀러는 전자무역의 유통채널을 활용하기 때문에 도매상과 소매상을 거치지 않고 인터넷을 통해 직접 소비자에게 전달할 수 있다. 이러한 특징은 소비자에게 더 저렴한 가격으로 제품을 구입하게 한다는 장점을 가진다.

(2) 시·공간의 제약 극복

인터넷은 하루24시간 365일 내내 접속이 가능하다. 즉, 글로벌셀러는 인터넷을 통해 전 세계와 연결되어 있어 제한된 영업시간 내에만 거래를 하는 기존의 상거래와는 달리 언제 어느 때라도 전 세계의 제품을 거래할 수 있다는 특징을 가진다.

(3) 광범위하고 풍부한 잠재고객의 확보

글로벌셀러는 글로벌 소비자를 대상으로 사업을 진행하는 것으로, 인터넷에 접속 가능한 소비자를 잠재소비자로 확보할 수 있다. 또한 소프트웨어의 확장성에 따라 비즈니스 범위를 무한하게 확장시킬 수 있다.

(4) 정보에 의한 판매

글로벌셀러는 웹사이트를 통해 무한한 정보를 활용할 수 있으며, 전자무역 네트워크를 통해 원하는 제품과 정보를 판매할 수 있다.

(5) 소비자와 상호작용하는 마케팅 활동

글로벌셀러는 인터넷을 통해 소비자와 일대일 커뮤니케이션을 수행할 수 있으며, 필요에 따라 실시간 소통할 수 있는 시스템이 구축되어 있다. 즉, 소비자와 상호작용하는 마케팅 활동을 수행할 수 있다.

(6) 소요자본의 최소화

글로벌셀러는 필요한 매매행위를 위해 인터넷 서버 구입, 홈페이지구축 등의 비용만 소요하면 되기 때문에 토지나 건물 등 거액의 자금이 필요한 기존의 상거래 방식에 비해 상대적으로 경제적이다.

(7) 신속한 제품서비스 제공 가능

글로벌셀러는 인터넷을 활용함으로써 기존의 전통적인 상거래 행위보다 신속하게 고객의 요구에 맞춘 제품과 서비스를 공급할 수 있다. 제품의 품목과 가격을 신속하게 시장 상황에 맞게 웹 서버에서 업데이트 할 수 있으며, 이를 통해 공신력 있는 구매를 가능케 한다.

(8) 보다 빠른 고객욕구 만족

글로벌셀러는 24시간 접속가능한 인터넷을 활용하고 있어 소비자가 원할 때 보다 빠르게 고객욕구를 충족시킬 수 있다.

2. 글로벌셀러, 이것만은 조심하자

(1) 언어

인터넷 상의 많은 사이트들이 영어로 구성되어 있어 비영어권 국가에서는 상대적으로 인터넷 사용에 제한을 받을 수밖에 없는 것이 현실이다. 즉, 자신의 언어로 아무리 웹사이트를 잘 구축하였다고 하더라도 방문자들이 전혀 내용을 파악할 수 없다면 아무 소용이 없는 것이다.

따라서 세계시장을 상대로 전자무역을 행하기 위해서는 반드시 영어로 된 서브페이지를 삽입할 필요가 있다.

(2) 조세

국가마다 또는 품목마다 다르겠지만 일반거래에 부과되는 세금 이외에도 무역거래에서 발생하는 특별세로서 통관세, 부가세, 목적세 등이 부과될 수 있다. 이는 어떤 경우에는 수입자가 수입국의 일반 상점에서 구입하는 것보다 훨씬 비싼 가격에 구매하는 경우가 나올수 있다. 이 경우 소비자들은 오히려 배신감을 느낄 수가 있다.

따라서 제품판매에 앞서 이러한 사항들을 소비자에게 알려주는 것이 바람직하다.

(3) 환율

대개 환율은 시시각각으로 변하기 때문에 환율의 적용시점에 따라 사는 사람이나 파는 사람의 구매금액 혹은 판매금액이 크게 달라질 수 있다.

따라서 인터넷을 통한 매매의 경우 항상 환율의 변동을 감안하여 가격을 새로이 제시할 필요가 있다.

(4) 문화적 차이

다양한 소비자의 욕구를 동시에 만족시키는 것은 쉬운 일이 아니다. 특히 전 세계를 대상으로 무역을 할 경우에는 더욱 그렇다.

따라서 글로벌 소비자를 대상으로 하는 광고나 판매방식을 채택하기에 앞서 이러한 거부감을 제거할 수 있도록 노력하여야 한다.

(5) 거래보안 및 안전성의 확보

글로벌 소비자들은 자신의 거래가 안전하고 안정적으로 이루어지길 원한다. 특히 소비자 개개인의 금융관련 정보가 유출되는 것을 극도로 두려워한다.

따라서 글로버셀러는 거래보안 및 안전성의 확보를 위해 노력해야 한다.

(6) 무역관련법률

어느 국가를 막론하고 인터넷을 통해 거래를 하는 기업입장에서나 물건을 사는 소비자의 입장에서 물량의 과소를 떠나서 그것은 일종의 수출입 행위가 된다. 그러므로 글로벌셀러가 판매하는 제품은 그 나라의 해당법률에 의거하여 적절한 수출입 절차가 필요하다.

(7) 지적 소유권의 침해문제

인터넷은 무한한 정보를 제공하지만 모든 정보를 무상으로 사용할 수 없다.
따라서 글로벌셀러는 자신이 매매하는 제품에 대한 지적소유권 등 산업재산에 대한 침해 여부를 항상 확인할 필요가 있다.

(8) 물류관리의 문제

글로벌셀러로서 성공하기 위해서는 주문된 상품이 전 세계 어느 곳이라도 신속하게 배달될 수 있도록 적절한 물류관리시스템이 요구된다.
선진국 등 체계적인 물류시스템이 정비되어 있는 경우라면 배송의 문제가 크게 대두되지는 않겠지만, 저개발국가로부터의 주문이 내도하였을 경우를 대비해 물류관리에 대한 대안을 준비할 필요가 있다.

제3절 더 이상 마케팅은 장벽이 아니다

1. 1차 자료 수집의 문제를 극복하자

(1) 응답문제

응답자의 응답행위가 문화적으로 영향을 받기 때문에 응답에 대한 문제가 나타난다. 많은 국가에서 산업재 시장조사는 잠재적 고객인 응답자가 대답을 기피하므로 곤란을 받고 있다. 예를 들면 사업가인 응답자는 경쟁을 위해 비밀이라는 이유를 붙여 침묵을 지키며 시장조사원을 불신한다. 더욱이 응답자들의 대부분은 그들의 경제활동에 대해서 어떠한 질문에도 대답하려 들지 않는다.

(2) 언어 및 번역

국제마케팅 조사에 있어서 언어 및 번역의 문제는 빈번히 발생하고 있다. 해외시장은 국내 마케팅 조사자와는 서로 다른 언어를 가지고 있으며 일부 국가에서는 여러 가지의 언어를 함께 사용하기도 한다. 기업은 이따금 성공적인 국내시장의 조사계획을 그대로 해외시장에 적용하고자 한다. 이와 같은 시도는 상당히 논리적이고 때로는 바람직한 것이지만 글로벌 마케팅의 성공적인 수행을 위해서는 매우 조심할 필요가 있다.

(3) 교육수준과 문맹률

낮은 교육수준과 문맹률은 시장조사의 수행에 커다란 장애요소이다. 문맹률이 아주 심한 곳에서 설문지란 아무런 소용이 없다. 심지어 선진국에서도 일반적으로 교육수준이 낮은 층에 대해서는 커뮤니케이션의 문제가 여전히 발생한다. 응답자들은 설문에 대해 자기 자신의 이해에 따라 답을 하기 때문에 질문의 진정한 의미와 조사의 의도가 잘못 전해질 수 있다. 이러한 경우의 문제는 응답자에 있는 것이 아니고 근본적으로 조사의 설계에 잘못이 있는 것이다.

(4) 부적절한 하부구조

마케팅 조사에 있어서 부적절한 하부구조(Infrastructure)는 가장 중대한 문제 중의 하나다. 예를 들면 도시거주자 중에 비행기소유자가 소수에 불과하다면 비행기 관련 시민조사는 실행되지 못할 것이다.

성공적인 마케팅 조사를 수행하기 위해 마케팅 조사기관과 이러한 업무를 충분히 감당해 낼 수 있는 잘 훈련된 조사자가 필요하다.

2. 조사결과의 비교 및 평가

국제마케팅 조사결과를 비교·평가하는 것은 중요하다. 이는 문화나 태도에 있어서 여러 가지 차이점으로 인해 응답결과의 국가 간의 비교가 어렵기 때문이다. 더욱이 면접법이 이용되거나 또는 질문에 대한 일반적인 반응이 나라마다 서로 다른 경우에는 비교·평가하는 것이 불가능에 가깝다.

조사결과를 비교하기 전에 깊이 고려하여야 할 주요한 차이점은 언어, 가치관, 소비유형, 표적집단 및 세분화, 마케팅 환경 등이 있다.

(1) 언 어

언어는 국제마케팅 조사 시 중요한 장애요소 중 하나다. 소비자와 접촉할 때는 반드시 현지의 공용어를 사용할 필요가 있다. 이는 마케팅 조사 시 사용되는 용어는 모든 언어에 있어서 같은 의미를 정확히 전달해야 하기 때문이다. 의미상의 극히 미묘한 차이가 비교의 객관성을 잃게 하고 나아가 결과의 전체적인 가치를 감소시킨다.

(2) 가치관

문화적 가치는 사람들의 태도에 등급을 매길 경우 상당히 중요하다. 응답자와 조사자 사이의 문화적 차이를 인식하는 것이 중요하며, 필요하다면 조사 대상 시장마다 기준을 달리하여 응답자를 조정하고 이에 비중을 두는 것이 좋다.

(3) 소비유형

소비유형은 문화적 또는 경제적 발전 정도에 따라 다르게 나타날 수 있다. 즉, 조사 대상 시장이 어떠한 경제구조와 역사적 배경을 가지고 있는가에 따라 소비 패턴이 달라질 수 있기 때문이다. 따라서 조사 대상 시장의 차이점은 반드시 확인해야 하며 근본적인 차이점은 수집된 자료의 최종적인 분석이 이루어지기 전에 고려되어야 한다.

(4) 표적집단 및 세분화

국제적 차원에서 프로젝트를 수행할 때 특정한 제품이나 서비스에 대한 시장기회를 측정하기 위해서는 시장을 세분화할 필요가 있다. 예를 들면, 자동차 타이어의 경우 시장은 차량유형, 연식, 소비자 소득정도, 도로의 상황 등 구체적으로 세분화할 필요가 있다.

(5) 마케팅 환경

마케팅 환경 즉, 각 시장의 경쟁상태, 법률제도 및 소비구조는 마케팅 결과를 분석하고 해석할 때 전혀 다른 방향으로 결과를 유도할 수 있다. 따라서 시장진출을 위한 시장조사에서 고려해야 할 중요한 사항으로 초기 단계부터 조사자료를 꼼꼼하게 확인하며 정리할 필요가 있다.

 **강의 노트**

학 과 :

이 름 :

연락처 :

제14장 글로벌은 나의 놀이터

1. 비즈니스 모델의 정의을 설명하시오.

2. 글로벌셀러가 조심해야 할 내용을 설명하시오.

3. 마케팅 1차 자료 조사 시 발생하는 문제점을 설명하시오.

참고문헌

국문문헌

- 고명규, 글로벌무역영어, 청람, 2016.
- 김영락·유승균, 청년 CEO를 위한 무역실무, 보명북스, 2012.
- 김상만, 무역계약론, 박영사, 2019.
- 오원석·이병문, 무역영어, 삼영사, 2015.
- 박대위, 무역영어, 법문사, 2012.
- 박문서·한수범·유승균·곽수영, 무역학개론, 학현사, 2015.
- 송경석, 커뮤니케이션과 창의성, 책연, 2019.
- 손태빈·정성훈, 신무역영어, 보명북스, 2011.
- 오원석, 국제운송론, 박영사, 2004.
- 이승영·이민영·유승균, 글로벌마케팅, 보명북스, 2012.
- 이제홍·유승균, 전자무역실무, 보명북스, 2011.
- 이제홍·유승균, 국제무역보험의 이해, 보명북스, 2013.
- 전상덕, 무역용어사전, 형설출판사, 2004.
- 전창원, 무역용어사전, 무역연구원, 2000.
- 전창원, 상황별무역영어회화, 무역연구원, 2008.
- 전창원, 표준운송실무, 무역연구원, 1997.
- 한국무역협회, 무역실무메뉴얼, 2013-2014.
- 한국구역협회(http://www.kita.net/trade_guide/system3.html) 홈페이지
- 한국무역보험학회, 수출보험의 이해, 2010.
- 한국무역보험공사 20년사, 2012.
- 한수범, 펀마케팅, 책연, 2019.
- 홍승기·유승균, 현대무역개론, 형설출판사, 2013.

영문문헌

- Bobot, L., "Functional and dysfunctional conflicts in retailer-supplier relationships",International Journal of Retail & Distribution Management, Vol. 39. 2011.
- Capros P and mantzos, The Economic Effect of EU-Wide Industry Level Emission Trading to Reduce Greenhouse Gases. Results from PRIMES model, National Technical University Athens, 2000.
- Cole, Daniel A. "Climate Change, Adaptation, and Development", 26 UCLA J. ENVTL. L. & POL'Y 1, 3, 2008
- John J. Coyle, Edward J. Bardi, and Robert A. Novack., Transportation, West Publishing Company, 1994.
- Lee, S. W. and S. Y. Lee, "An Empirical Study of Loan Commitment Fees: Evidence from Japanese Borrowers," International Area Studies Review, 2009.
- MacKenzie, Ian., English for Business Studies, Cambridge Univ Pr, 2002.
- Mary Ellen Guffey, Carolyn M. Seefer., Business English, Cengage, 2017.
- Rose, F. D., General Average: Low and Practice, London : Lloyd's of London Press Ltd., 1997.
- Marsden, Paul. Social Commerce: Monetizing Social Media, Unique Digital. UK: SYZYGY Group. 2011.
- Sufi, Amir., "Information Asymmetry and Financing Arrangements: Evidence from Syndicated Loans," Journal of Finance 62. 2007.

기초 무역용어사전

Acceptance(승낙)

상대방의 확정적인 의사표시인 오퍼에 대한 피청약자의 동의의 확정적 의사표시를 의미하며, 이에 따라 양 당사자의 의사는 일치하게 되고 유효한 계약은 성립된다. 승낙은 청약자의 모든 조건에 대해여 동의를 하는 무조건 승낙만이 승낙이며 조건부 승낙은 반대오퍼가 된다.

Accountee(대금결제인)

신용장 개설의뢰인(applicant)은 화물의 실질적 수하인(consignee)이 되고, 환어음의 최종 결제인이 된다. 수입자를 "Accountee" 라고도 한다.

Act of God(불가항력)

매매계약시 수출상은 이러한 면책조항을 삽입하는데 이는 주로 "Force Majeure" 로 명기한다. 천재지변, 또는 기타 예상하지 않았던 사정에 의해 일어난 사고에 대해 수출상은 제품의 선적이행이 면책된다.
(→ Force Majeure)

Ad valorem Duties(종가세)

관세의 산정에 있어서 과세표준을 중량에 두느냐, 가격에 두느냐에 따라 종량세(specific duties)와 종가세로 구분한다. 종가세란 화물의 가격을 과세의 기준으로 하여 그것에 대한 일정비율(%)로 부과한다.
한편, 종량세는 수입품의 중량개수길이용적 등의 일정 단위수량을 과세기준으로 정하는 관세를 말한다. (→ Specific Duties)

Advising Bank(통지은행)

Notifying Bank라고도 하며, 신용장이 수입국 은행으로부터 내도되면 이를 신용장수익자에게 통지해 주는 은행을 말한다.

After Service : A/S(판매 후 봉사)

고객에게 상품을 판매한 후 제공하는 서비스를 말한다. 제품의 생산업체나 업자가 제품을 판매한 뒤에 제품의 보수 및 수리 등을 해주는 것을 말한다.

Agency Agreement(대리점 계약)

판매대리권 또는 특약판매권을 수입지 거래선에게 줄 경우 체결되는 계약을 말한다.

A1

상품의 품질 등에 대한 등급을 매길 때 가장 품질이 좋은 상품을 나타내는 것으로 first class에 해당하는 상품, 즉 제일등급 상품이라는 것을 말한다.

Air Cargo(항공화물)

비행기로 수송되는 화물을 말한다. 이 때 항공사는 송하인에게 항공화물운송장(air way-bill)을 발행한다.

Air Waybill; AWB(항공화물운송장)

적화품이 항공화물일 경우, 화주나 항공회사 간에 체결되는 운송계약 증서를 말한다. 이는 선화증권과는 달리 유통성이 없다.
(→ Bill of Landing)

Applicant for the Credit(신용장개설의뢰인)

무역계약조건에 따라 자신의 거래은행에 수출상을 수익자(beneficiary)로 하여 신용장발행을 의뢰하는 수입상을 말한다.

Arbitration(중재)

계약 이행 과정에서 클레임이 제기되었을 경우 당사자 간 원만한 해결이 이루어지지 않을 때 쌍방이 중재로 해결하겠다는 약정이 있어야 하며, 당사자 간 분쟁은 법관이 아닌 제3자, 즉 중재인에 의해 판정이 내려진다.

중재는 단심제이며, 중재판정은 뉴욕협약에 의거 외국에 대해서도 효력은 인정된다. 중재 조항 삽입시 중재규칙·중재지·중재기관이 명시되어야 한다. 우리의 경우 외국인과 중재조항(arbitration clause)을 삽입시에는 서울에 소재한 대한상사중재원의 중재규칙에 따른다는 표준중재조항을 삽입하는 것이 유리하다.

Arbitrator(중재인)

계약으로 야기된 분쟁을 해결하기 위해 지명된 사람으로서, 중재인은 해당분야에 전문성을 갖춘 사람들이다. 중재인에 의해 판정된 것은 대법원 확정판결과 같은 효력을 갖는다.

Arrival Notice(도착통지서)

수입화물이 양륙항에 도착하였거나 또는 도착전 수입화물 적재 본선의 선박회사가 귀사의 화물은 며칠경 입항되는 선박에 적재되었다는 취지를 수입상에게 알려주는 통지 등을 말한다.

Assured(피보험자)

피해의 보상을 받는 당사자로, 손해발생시 보험금 청구의 권리를 갖는다. 자신을 위해 피보험자 스스로가 보험계약을 체결하는 경우, 보험계약자와 피보험자가 일치하나 CIF의 경우, 수출상은 수입상을 대신해서 보험계약을 체결함으로써 보험계약자와 피보험자는 각각 별개로 된다.

Bare Boat Charter: BBC(나용선)

기간용선의 일종으로 임대차용선이라고도 한다. 용선주는 선박의 유지관리에 소요되는 제비용과 운송영업을 수행하기 위해 소요되는 제경비를 부담한다.

Beneficiary(수익자 또는 수혜자)

신용장을 수취한 수출업자를 말한다.

Berth(정박지)

선박의 하역작업을 위한 정박장소로서 부두, Buoy(부표) 등에서 본선을 계류하기 위한 설비가 있고 하역작업을 위한 여러 가지 시설이 되어 있는 장소를 말한다.

Bid Bond(입찰보증금)

입찰시 입찰 참가자가 보증금을 미리 내도록 하여 낙찰자가 계약체결을 거절할 경우 그 보증금을 몰수하게 된다.

입찰 보증금은 대개 총 입찰액의 2% 정도이며 이는 대개 보증장(letter of Guarantee) 또는 보증 신용장(stand-by L/C)을 개설하는 것이 일반적이다. 한편, 낙찰되었을 경우에도 이행보증금(performance bond)으로 10%를 같은 방법으로 개설해 준다.

Bill of Exchange(환어음)

어음의 발행인이 지급인에 대하여 일정기일에 일정금액을 무조건 지급할 것을 위탁하는 요식증권이며 유통증권이다.

환어음은 보통 2통이 한 조로 발행되고, 그 중 하나가 결제되면 나머지는 자동적으로 효력이 상실된다.

환어음의 당사자는 Drawer(환어음 발행인), Drawee(환어음 지급인) 및 Payee(환어음 수취인)이다.

환어음은 신용장조건을 근거로 발행되는 경우 화환어음, D/A, D/P 등과 같이 추심에 의해 발행되는 무담보어음 그리고 어음이 발행되어 일정기간이 경과된 후 지급되는 기한부 어음 등으로 구분된다.

Bill of Lading: B/L(선화증권)

선화증권은 화물을 선적했다는 것 또는 선적을 위해 인수했다는 것을 나타내는 서류로서, 선사는 증권에 기재된 조건에 따라 운송하고 양륙항에서 이 증권과 교환하여 화물을 인도하기로 약정한 유가증권이다.

Bona fide Holder(선의의 소지자)
정당하게 어음 등과 같은 유가증권을 가지고 있는 사람을 말한다.

Bonded Area(보세구역)
보세구역이란, 경제적 국경선이라 부를 수 있는 것으로 관세선을 출입하는 화물을 단속하기 위해 관세청이 지정 및 감시하고 있는 지역을 말한다.

Bonded Transportation(보세운송)
수입화물이 양륙항에서 바로 통관되지 않고 보세지역에 수송하여 그곳에서 통관절차를 받을 경우 이러한 수송을 말한다.

Bulk Cargo(살화물)
곡류, 석탄 등과 같은 포장되지 않는 화물을 말한다.

Buyer`s Market(구매자 시장)
상품의 수요와 공급이 균형을 이루지 않고 제품의 공급이 많은 상황에 있는 시장을 말한다. 반대의 경우는 Seller's Market이 된다. 결국 경기의 상승기에는 매도자 시장, 하강기에는 구매자 시장의 현상이 나타난다.

CAD ; Cash against Documents (서류상환 인도방식)
송금방식에 의한 거래로서, 수출상이 물품을 선적하고 수입자 또는 수출국에 소재하는 수입자의 대리인이나 지사에게 운송서류를 제시하면 서류와 상환하여 대금을 결제하는 방식의 거래이다.

Cargo Capacity(적화능력)
화물을 적재할 선박의 능력을 말하며, 선적능력(shipping capacity)이라고도 한다.

Cargo Insurance(적화보험)
해상보험 중에서, 보험의 목적물이 적화물에 해당되는 보험을 말한다. 이는 해상보험 중에 선박보험(hull insurance)과 함께 대종을 이루고 있다.

Cargo Manifest ; M/F(적화목록)
화물의 선적이 완료되면 선사 또는 선적지 대리점에서 적재된 화물의 화물 명세를 작성하게 되는데, 이를 적화목록이라고 한다. 세관은 이것을 근거로 적제화물을 파악하고 화물의 단속이나 과세를 하게 된다.

Carrier(운송인)
송화인과 계약에 의하여 운송책임을 부담하는 자를 말한다. 운송을 책임지는 증거로써 운송장의 제출을 요구하기도 하고 송화인의 청구에 의하여 운송증권을 발행하는 의무를 진다. 운송수단을 스스로 보유하여야만 운송인의 자격이 있는 것은 아니다 화주에 대하여 직접계약 책임을 지는 사람을 계약 운송인(contracting carrier)이라 하며 그 사람의 의뢰에 의해 실제로 운송을 하는 자를 실제 운송인(actual carrier)이라 한다. 다수의 송화인으로부터 화물의 운송을 책임지는 사람을 common carrier라 하며 특정인 또는 다수인의 지시에 따라 운송을 책임지는 사람을 private carrier라고 한다.

CFR ; Cost and Freight(운임포함인도조건)
CFR 조건은 FOB 가격조건에 해상운임(ocean freight)이 가산된 가격이다. 그러나 cargo에 대한 위험부담을 FOB와 같이 Cargo 인으로부터 매수인에게 이전된다. 이 가격조건은 해상 및 내수로 운송에 사용되어지며, 컨테이너가 RO/RO 운송 등과 같이 선박의 난간이 실제적인 목적으로 이용되지 않는 경우에는 CPT 가격조건이 보다 더 적절하다. (→ CPT ; Carriage Paid to …)

CFS ; Container Freight Station (소량화물집화장소)

20 footer 또는 40 footer 컨테이너에 만재될 수 없는 소량화물(LCL, Cargo)을 목적지별로 정리한 후, 하나의 컨테이너에 혼합적재하여 만재화물(full load)로 만들기도 하고 또는 혼합 적재된 수입화물을 컨테이너로부터 소량 화주에게 분산 인도하기도 하는 창고형 작업장을 말한다. 이러한 혼합 적재 작업을 "Consolidation"이라고 하며 이러한 업자를 "Consolidator"라고 한다.

Charter Party B/L(용선계약 선화증권)

화주가 살물(bulk cargo)형태의 대량화물을 운송하기 위하여 특정한 항로(voyage) 또는 일정기간(time)동안 부정기선(tramper)을 용선하는 경우, 화주가 선박회사 사이에 체결된 용선계약(charter party)에 의하여 발행되는 선화증권을 말한다. 한편 UCP 500에서는 신용장산에 "charter party B/L is acceptable"이라는 특약이나 허용한다는 명시조항과 선화증권으로써 일정한 요건을 갖추면, 은행에서 수리가 허용되는 것으로 규정하고 있다.

CIF ; Cost, Insurance and freight (운임 및 보험료 포함인도조건)

이 조건은 CFR 조건에 적화보험료만을 추가한 것 이외에는 본질적으로 CFR 조건과 같다. 따라서 매도인이 목적항까지 보험부보 의무와 보험료 부담을 진다.

CIP ; Carriage and Insurance Paid to (운송비·보험료 지급인도조건)

이 조건은 매도인이 목적지까지 운송비와 보험료를 지급해야 하며 적화보험에 부보할 의무가 있다. 물품에 대한 위험부담은 수출국에서 운송인의 관리 하에 물품이 인도된 때 매도인으로부터 매수인에게 이전된다. CIP 조건은 복합운송을 포함하여 어떠한 운송형태에도 사용될 수 있다.

Circular Letter(거래권유장)

거래 권유장이라는 것은 거래 개시를 희망하고 미지의 거래처로 보내서 자사를 소개하거나 거래관계의 창설을 권유하는 서한이다. 거래 희망자는 이 서한을 많은 거래처에 보내며 내용에서는 상대방을 알게 된 경위, 거래개시의 희망거래 상품의 명세, 자사의 거래상의 지위 및 자사의 신용 조회처, 거래 조건의 개요 등을 기재한다. 나아가 거래 상품이 목록, catalogue, 가격표도 동봉한다. 지점, 영업소, 개설 통지, 이전 통지, 사장이나 중역과 같은 관리직, 조직 등의 변경 통지를 하기 위해서 같은 내용의 서한을 다수의 상대방에게 송부하기도 하는데, 이 서한도 circular letter 라고 한다.

Claim(클레임)

무역거래에서 클레임이란, 당사자간의 매매계약에서 일방이 그 계약을 위반함으로써 계약의 다른 당사자가 그것으로 인하여 입은 손해의 배상을 청구하는 것을 말한다. 이 경우 피해자를 "Clamant"라고 하며 가해자를 "Claimee"라고 한다.

C/O ; Certificate of Origin(원산지증명서)

수출물품의 원산지를 증명하는 국적 증명서이다. 이는 상대국과의 관세협약 등에 의한 세율 적용, 특정국 상품의 수입을 막기 위한 무역정책 또는 수입통계의 목적 등에 따라서 요구되어 진다. 우리나라의 경우에는 상공회의소에서 발급하는 UNCTAD의 일반특혜관세

원산지증명서(generalized systems of preferences certificate of origin ; GSPC/O)가 있다.

COD ; Cash on Delivery(현금교환인도방식)

송금방식에 의한 거래로서, 수입상 소재국에 수출상의 지사나 대리인이 있는 경우 수출상이 물품을 지사 등에 송부하면 수입자가 물품의 품질 등을 검사한 후, 물품과 현금을 상환하여 물품대금을 송금하는 방식의 거래로 주로 귀금속 등 고가품으로서 직접 물품검사를 해야 되는 경우에 이용되는 경우이다.

Collecting Bank(추심은행)

D/P·D/A 거래에서 수출지의 추심의뢰은행(remitting bank)으로부터 선적서류와 환어음을 최초로 받은 수입지의 은행을 가리킨다. 추심결제 거래에서는 어음지급인(수입상)에게 추심서류를 제시(제시은행:presenting bank)하여야 하는데, 추심은행이 수입상과 거래은행일 경우에는 동 은행이 추심은행과 제시은행의 역할을 동시에 행하게 된다.

Collection(추심)

송금(remittance)과는 반대되는 개념으로서, 역환(negotiation by draft)이라고도 한다. 이는 채권자가 채권액을 회수하기 위하여 외국에 있는 채무자 앞으로 환어음이나 수표를 발행하여 대금지급을 청구하는 행위를 가리킨다. 무역거래에서 많이 이용되는 추심결제 방식은 D/P(지급인 조건)·D/A(인수 인도조건)의 어음에 따른 추심, 신용장에 따른 추심과 그리고 수표 등에 따른 추심 등이 있다.

Combined Transport(복합운송)

특정화물을 육상·해상·항공운송 중에서 두 가지 이상의 상이한 운송수단(선박과 철도, 선박과 비행기 등)을 이용하여 출발지에서 최동 목적지까지 일관적으로 운반되는 운송형태를 말한다. 또한 이러한 일관수송의 전체적인 책임을 지는 주체를 복합운송인(combined transport operator)이라고도 하며, 복합운송인이 발행하는 복합운송계약의 증거서류를 복합운송증권(combined transport document ; CTD)이라고도 한다.

Commercial Invoice(상업송장)

수출상이 수입상 앞으로 작성하는 물품에 대한 명세서인 동시에 대금 청구서 역할을 한다. 이 서류는 선화증권이나 보험증권과 같이 청구권의 역할을 할 수 없으나 매매계약상 수출상의 의무이행 사실을 입증하는 중요한 선적서류 중의 하나이다.

Compensation Trade(구상무역)

연계무역(counter trade)방식 중 하나로, 수출입 물품대금의 전부 또는 일부를 그에 상응하는 수입 또는 수출로 상계하는 무역을 말한다.
따라서 하나의 계약서가 작성되어지며 대응 수입의무는 제 3국으로 전사할 수 있다. 여기에 이용되는 대금결제는 우리나라의 경우 특수신용장(back to back credit, tomas credit 및 escrow credit)을 이용하여야 한다.

Compensatory Duty(상계관세)

탄력관세의 일종으로, 자국에서 수출품에 대하여 보조금이나 장려금을 지원하여 주거나, 특별하게 정부로부터 보너스식으로 혜택을 부여 받은 상품을 수입할 경우, 수입국에서 자국의 당해 국내산업을 보호할 목적으로 부과하는 관세이다.

Conditional Offer(조건부오퍼)

청약자(offeror)의 오퍼 내용에 조건이 달려 있는 오퍼를 말한다. 즉, 이는 피청약자(offeree)가 수락(accept)할 경우에도 청약자의 단서(예: offer subject to our final confirmation 등)에 의해서 계약이 성립되기 때문에 엄격한 의미에서 청약의 유인에 해당된다고 볼 수 있다.

Consideration(약인)

영·미법상 계약의 중요한 원인으로서, 계약에 따른 약속에 대하여 교환되는 현재의 대가로서 제공되는 행위를 말한다. 즉, 금전·재산권의 양도, 행위의 금지 또는 행위 및 행위의 금지에 관한 법률관계의 변동 등을 말한다. 이는 해당 계약문서상에 "In consideration of …"로 시작된다.

Consignee(수화인)

"… made out to order of …"와 같이 신용장 문면상에 지시식 선화증권의 발행을 요구하는 문구에서 order of 다음에 수화인의 이름이 명기되는데, 그가 곧 운송화물을 받아 보는 사람 또는 신용장 개설은행이 되며 선화증권상의 실질적인 소유권자이다. 즉, 양도기능을 가진 B/L은 수화인의 지시없이는 아무도 증권 문면상의 화물에 대하여 소유권을 주장할 수 없다. 따라서 화물의 양도는 consignee의 배서(endorsement) 없이는 불가능하다.

Consignment Sale(위탁판매)

위탁자(수출상 또는 제조업체)가 위탁판매계약(Consignment Sales Contract)에 근거하여, 수탁자에게 상품의 판매를 위탁하는 것을 말한다. 이 경우 현지에서 매매계약이 성립하기 전에 사전에 당해 물품을 발송하는 것이 특징이다. 화물의 소유권은 위탁자가 보유하고, 상품이 판매되는 경우 위탁자는 수탁자에게 위탁수수료를 지불한다. 이는 외국에 있는 수탁자에게 물품을 무환 수출하여 당해 물품이 판매된 범위 안에서 대금결제가 이루어지는 위탁판매 수출과 그 반대인 위탁판매 수입이 있다.

Consolidation(혼재)

화물을 수송하는 과정에서 수송의 한 단위를 채우지 못하는 소량화물을 모아 혼합적재함으로써 하나의 수송단위를 만드는 것을 의미한다.

Consolidator(혼재업자)

① 화물혼재업자 : 혼재화물에 대해서 LCL의 경우보다 저렴한 운임을 통해 화물 집하와 운송취급업무를 영위하는 업자.
② 국제항공화물 혼재업자 : 항공화물의 운임률은 화물의 중량이 많을수록 저율이 되기 때문에 혼재업자는 개개의 송하인에 대해서는 항공회사가 공시하는 운임보다 싼 운임으로 운송을 청부하고, 항공회사에는 종합한 화물의 총 중량에 따라 운임을 지급하고서 그 차액을 자기의 수익으로 삼는다.
혼재업자는 스스로 송하인(수하인은 목적지의 혼재업자)으로서 항공회사와 운송계약을 체결하고 또 한편으로는 개개의 송하인에 대해서 자기 명의로 운송을 청부맡아 항공화물 운송장을 발행한다.

Consular Invoice(영사송장)

통상 작성되는 상업송장상에 수출국에 주재하는 수입국의 영사가 수출가격을 확인함으로써 관세포탈이나 외화도피를 방지할 목적으로 송장상에 확인을 해 주거나 사증(visa)을 받는 송장을 말한다. 한편, 수출국에 수입국 영사관이 없을 경우에는 명예영사가 대신 확인할 수도 있고 명예영사도 없을 경우에는 일반적으로 상공회의소가 확인할 수도 있다.

Container(컨테이너)

물적유통 부문에서의 포장·운송·하역·보관 등 육로·해로·공로상의 모든 과정에서 경제성·신속성 및 안전성을 최대한 충족시키고 화물의 수송도중 이적 없이 일관수송을 실현시키는 운송용기를 말한다.

Container Yard ; CY(컨테이너 야적장)

선박회사나 그 대리점이 화주에 의해 화물이 적입된 container를 선적하기 위하여 화주로부터 인수하거나 양륙된 container를 화물이 적입된 채로 화주에게 인도해 주기 위한 container 장치 및 수도장소를 말한다.

Conventional Traiff(협정관세)

외국와의 통상조약 또는 관세조약에 의하여 부과하는 관세를 말한다. 협정관세는 두 나라 사이에 맺어지는 쌍무협정이 있고 EC 지역의 공동관세와 같이 다수국간에 맺어지는 협정도 있다. 이는 국정관세보다 일반적으로 저율이다.

Counter Offer(반대오퍼: 반대청약)

청약자(offeror)의 청약에 대하여 피청약자(offeree)가 오퍼의 조건 중에서 일부를 변경하는 등 새로운 조건을 요구해 오는 청약을 말한다. 반대오퍼가 일단 제시되면 원래의 청약(original offer)은 자동적으로 무효가 되며, 동시에 새로이 청약하는 counter offer가 법적 효력을 지니는 새로운 오퍼가 된다.

Counter Purchase(대응구매)

연계무역의 한 형태로서, 두개의 별도의 계약에 의해서 수출액의 일정비율에 상응하는 물품을 대응 수입하는 방식의 거래이다. 대응구매도 구상무역과 마찬가지로 환거래가 발생하며, 대응 수입의무가 제 3국으로 전가될 수 있다.

Counter Sample(역견품)

무역거래에서 품질을 결정할 경우, 일반적으로 견품에 의한 방법이 가장 많이 이용된다. 당사자 사이에 최초로 제시되는 견품을 원견품(original sample)이라 하며 원 견품에 대하여 수정을 요구하게 되면, 이를 역 견품이라 한다. 역 견품은 원 견품에 대한 새로운 견품이 되며 상대방이 이를 수락하면, 승인경품(approval sample)이 된다.

Counter Trade(연계무역)

일반적으로 특정물품의 수출과 수입이 연계된 무역거래를 포괄적으로 총칭하여 연계무역이라 한다. 여기에는 물물교환(barter trade), 구상무역(compensation trade), 대응구매(counter trade), 산업협력(industrial trade)등 네가지 형태로 구분된다.

CPT ; Carriage Paid to(운송비지급인도조건)

이 조건은 매도인이 목적지까지 운송비를 지급해야 한다. 물품에 대한 위험부담은 수출국에서 운송의 관리하에 물품이 인도된 때 매도인으로부터 매수인에게 이전된다. CPT 조건은 복합운송을 포함하여 어떠한 운송형태에도 사용될 수 있다.

CQD ; Customary Quick Dispatch (관습적 조속하역)

정박기간(laydays)을 산정하는 조건이다. CQD는 당해 항구의 관습적 하역방법 및 하역능력에 따라 가능한 한 빨리 하역을 하는 것을 약정하는 조건으로 일정한 기한을 정하지 않는다.

Customs Duties ; Customs Tariffs(관세)

한 나라의 관세영역(customs line)을 출입하는 물품에 대하여 법률이나 조약에 의거하여 부과하는 조세를 말한다. 관세영역은 단순히 정치적인 국경선만을 의미하는 것은 아니며 정치상의 국가영역과 경제상의 관세영역으로 구분된다. 예컨데, 자유항·자유무역지대·베네룩스 관세동맹이 그것이다.

Customs Invoice(세관송장)

수입지의 세관이 수입화물에 대한 과세가격의 기준결정, 외국 수출상의 덤핑유무판정, 수입통계 등을 위하여 사용되는 송장을 말한다. 세관송장은 나라마다 그 나라 세관이 요구하는 양식이 있는데 수출상인 수익자(beneficiary)가 직접 작성한다.

CWO ; Cash With Order(주문불)

수입상이 수출상에게 물품을 주문하면서 미리 대금을 지급하는 선지급 결제방식을 말한다. 여기에는 주문에 대한 전액을 지급하는 방식과 주문과 동시에 대금의 일부를 지급하고 나머지는 선적 이행에 따라 분할이나 누진식으로 지불하는 방식이 있다.

D/A ; Documents against Acceptance (인수인도조건)

수출상이 수입상과의 매매계약에 따라 물품을 자신의 책임하에 선적하고, D/A 계약서에서 요구하는 운송서류에 기한부 환어음(usance bill)을 첨부하여 자신의 거래은행인 추심의뢰은행(remitting bank)에 추심을 의뢰하여 수입상의 거래은행인 추심은행(collecting bank)에 추심을 요청함으로써, 환어음의 지급인인 수입상으로 하여금 기한부어음의 인수를 맡아 만기에 대금결제를 약속받고 선적서류를 인도하는 조건의 결제방식을 말한다.

DDP ; Delivered Duty Paid (관세지급 인도조건)

DDP 조건은 수입국내의 지정장소에서 계약물품을 매수인으로 하여금 임의 처분할 수 있도록 해 줄 때에 매도인의 인도책임이 종결되는 반입인도이다. 비용부담면에서는 인도지점까지 수입관세 및 수입에 수반되는 제세 공과금과 기타 물품인도비용을 매도인이 부담하여야 한다.

만일, 당사자가 수입지에서 부가가치세(VAT)가 부과되는 경우 매도인 비용에서 제외시키고자 한다면, "Delivered Duty Paid, VAT Unpaid ~(목적지)" 등으로 특약시킬 수 있다.

Delivery Order ; D/O(화물인도지시서)

선사가 수화인으로부터 선화증권(B/L)이나 수입화물 선취보증장(L/G)을 받고 본선 또는 터미널(CY 또는 CFS)에 화물인ㄷ를 지시하는 서류를 말한다.

Demurrage(체선료)

용선계약서상에 화주는 계약물품의 전량을 완전히 선적 또는 양륙하기 위하여 본선을 항국에 정박시킬 수 있는 정박기간을 정하고 있는데, 화주가 약정기일 내에 하역을 끝내지 못해 초과된 정박기간에 대하여 선주에게 지급하는 penalty를 말한다.

Dispatch Money(조출료)

조출료란 용선계약서상에 정해진 정박기간 이전에 화주가 하역을 종료시킬 경우에는 체선료(demurragr)와는 반대로 선주가 화주(용선인)에게 단축기간에 대해 지급하는 일종의 상여금을 뜻한다.

통상 조출료는 체선료의 1/2이다.

Documentary Credit(화환신용장)

신용장 개설은행이 수익자가 발행한 환어음(draft)에 신용장 조건과 일치하는 제반운송서류 등을 첨부할 것을 조건으로 하여 지급·인수·매입할 것을 확약하는 신용장을 말한다. 무역거래에서 이용되는 신용장은 대부분이 화환싱요장에 의해 이루어진다.

D/P ; Document against Payment (지급인도조건)

수출상이 수입상과의 매매계약에 따라 물품을 선적하고 구비된 서류에 일랍출금 환어음(sight draft)을 첨부하여 자기거래은행(추심의뢰은행:remitting bank)을 통하여 수입상 거래은행인 수입국의 은행 앞으로 그 어음대금을 추심의뢰하면, 추심의뢰를 받은 수입국측은행(추심은행:collecting bank)은 수입상에게 어음을 제시하여 그 어음대금의 일람지급을 받고 서류를 인도하는 거래방식을 말한다. (→ D/A)

D/R ; Dock Receipt(부두수취증)

Container yard(CY)에 반입된 화물에 대해서 CY에 상주하는 선사직원 또는 위임받은 CY operator가 화물의 수령증으로 발행하는 것을

말하며, 선사는 D/R을 근거로 선화증권을 발행하여 준다. (→ Mate's Receipt ; M/R)

Draft ; Bill of Exchange(환어음)

어음 발행인(drawer)이 지급인(drawee)인 제 3자로 하여금 일정금액을 수취인(payee) 또는 소지인(bearer)에게 지급일에 일정한 장소에서 무조건 지급할 것을 위탁하는 요식 유가증권이자 유통증권(negotiable instrument)을 말한다.

Endorsement(배서)

배서란 일반적으로 어음, 수표, 선화증권, 창고증권 등 지사증권의 증권상의 권리를 양도하는 것을 목적으로 행해지는 행위를 말한다. 보통 증권의 이면에 기제되므로 배서라 한다.

배서의 방식은 통상 원본이나 등본에 법정사항을 기재하여 양도인인 배서인이 기명날인하고 증권을 피배서인의 기재가 없는 백지식 배서(Blank Endorsement)가 있다. 그 밖에 피배서인 지정하지 않을 뿐만 아니라 적극적으로 소진인에게 지급할 것을 기재한 소지인출급식 배서도 있다.

ETA ; Estimated Times of Arrival (입항예정일, 도착예정일)

선박이 목적지에 도착하는 예정일을 말한다.

ETD ; Estimated Time of Departure (출항 예정일)

선박이 목적지로 출항하는 예정일을 말한다.

Exchange Rate(환율)

일국과 타국의 통화가치비율, 즉 양국 통화의 교환비율을 말하며, 일국통화의 대외가치를 나타낸다.

Exclusive Buying Agent(독점매입대리점)

위탁매입이 계속적으로 이어질 때 일정의 지역내에서는 수탁자인 당해 매입대리점 이외에는 매입대리점을 설치하지 않는다는 계약을 체결하고 계속적인 거래관계를 유지하게 되는데, 이와 같은 계약관계에 있는 매입대리점을 말한다.

Exclusive Contract(독점계약)

수출입을 전문으로 하는 특정 상사간에 매매를 국한시키는 계약을 말한다. 수출상은 약정된 물품을 수입국의 특정 수입상 이외에는 판매하지 않으며, 수입상 역시 동일 물품을 수출국의 다른 상사들과는 거래하지 않겠다는 조건으로 이루어지는 계약이다. 한편, 유럽기역에서는 독점권을 요구시 Franchise란 말을 줄겨 쓰고 있다.

Exclusive Distributor(독점특약점)

독점특약점은 Exclusive Selling Agent(독점판매대리점)와 같이 일정지역내의 판매에 대해서 독점권을 가지고 있을 뿐 아니라 외국의 수출상과는 본인 대 본인(principal to principal)의 거래로서 단순히 대리인(agent) 관계가 아닌 수입하는 당해 상품에 대해 본인이 비용과 위험을 부담하게 된다.

Exclusive (Sole) Agency(독점대리권)

대리점의 영업활동을 적극적으로 하게 하는 목적에서 대리점을 일정직역에 대해서 한 회사로 한정하고 그 회사롤 하여금 해당 지역내의 영업활동을 독점적으로 위임하는 경우, 그 독점적 대리권을 말한다.

Ex Dock(부두인도조건)

「개정 미국무역정의」에 규정된 조건으로 Incoterms (1990)의 DEQ와 동일하다.

Expedted Profit(희망이익)

Anticipated Profit라고도 표시하며 이는 수입업자가 상품을 수입하여 국내에서 판매함으로써 얻을 수 있는 이익을 말한다. 수입상이 상품을 수입시 송장금액만 보험에 부보하면 희망이익을 잃어버리므로 통상 송장 금액의 10%를 희망이익으로 하여 보험을 부보한다.

Expiry Date ; E/D(유효기일)

신용장에는 선적일자(Shipping Date : S/D) 및 유효기일이 명시되는데 유효기일이란 수출상이 명시된 날까지 수출지의 거래은행에 운송서류를 매입해야 하는 일자로서 유효기일의 마지막 일이 공휴일일 경우 그 다음날까지 거래은행에 매입의뢰를 하면 된다. 유효기일 표지는 수출지은행을 기준으로 할 때 및 개설은행의 창구까지 서류가 도착해야 하는 경우로도 표시되는데 이 경우 수출상은 개설은행에 서류가 도착할 우편일수를 충분히 감안해서 Nego해야 한다.

Export by Licensing Arrangement (라이센싱수출)

외국기업과의 기술제휴에 의하여 해외 현지에 있는 사업에 자사의 특허권, 상표, 노하우 등의 사용을 조건부로 허가해 주는 수출협정을 말한다. 수출판매가 유체상품의 수출을 주로 하는 것에 대하여 이것은 서비스나 권리라고 하는 무체상품의 수출에 의하여 전자와 같은 무역효과를 올리려는 것이다.

Export Clearence(수출통관)

상품을 외국에 수출할 경우 정해진 절차에 따라 신고하고 선적확인을 얻을 때까지의 일련의 세관수속을 말한다.

Export License ; E/L(수출승인)

수출을 효율적으로 관리하기 위하여 수출승인품목에 대해서 해당승인기관을 통하여 수출에 따른 승인을 받도록 하고 있다. 수입시에도 수입승인품목에 대하여는 수입승인(Import License : I/L)을 당해 승인기관에서 얻어야 한다.

Export Market Research(수출시장조사)

상품수출을 하려면 먼저 목적하는 수출시장을 조사해야 한다. 조사내용으로서는 수출시장의 수요동향, 기호, 경쟁업자, 가격수준, 이용하는 판매업자, 광고매개체 기타 다양하다. 개별기업은 기업이 단독으로 하는 경우도 있으나 수출조합에서 하기도 한다. 먼저 조사를 위해서는 무역관련부서(산업자원부, 외무부), 대한무역투자진흥공사, 대한상공회의소, 각종 무역 관련단체 등의 자료를 이용한다.

Ex Works(공장인도조건)

공장인도조건은 매도인의 국내(공장·창고등)에서 계약물품을 인수 가능한 상태로 둘 때 매도인의 인도의무를 이행하는 것으로 간주하는 조건이다. 특히 별도의 합의가 없는 한 매도인은 매수인이 제공한 운송수단에 계약물품을 적제하거나 수출물품을 통관할 책임은 없고 매수인이 매도인의 구매로부터 목적지까지의 물품운송에 관련되는 모든 비용과 위험을 부담한다.

Factoring(팩토링)

팩토링이란 수출업자가 수입업자에게 물품이나 서비스를 제공함에 따라 발생하는 외상 매출금과 관련 팩토링 회사(factor)가 수출상을 대신하여 수입상에 관한 신용조사, 신용위험의 인수, 금융의 제공, 대금의 회수 등의 업무를 대행하는 금융서비스를 말한다. 무신용장 방식의 수출시 국제 팩토링을 이용하면 수출시 외상 수출에 따른 대금불안이 제거되고 수입시에도 신용장 개설없이 팩터의 보증으로 수입을 할 수 있다.

Fair Average Quailty ; FAQ (평균중등품질조건)

곡물이나 과실류 등 매매에 사용되는 품질조건으로, 인도물품의 품질이 당해 계절의

출하품의 평균 중등품질조건으로 하는 것을 의미한다. (→ GMQ)

Forwarder(운송주선업자)

운송의뢰자(화주)를 위하여 물품의 운송에 참여하여 화물을 집화·분배하는 무선박운송인(non-vessel carrier)을 말한다.

Forwarder's B/L(운송주선업자 선화증권)

포워더 또는 포워딩 대리인은 화물운송 업무에 참여하여 화주와 선사 사이에서 서비스를 하며 선사를 대신해서 선화증권을 화주 앞으로 발행해 주기도 한다. 한편, Forwarder's B/L은 신용장 통일규칙(UCP 500)상에 의하면 주선업자가 운송인이거나 운송인의 대리인 자격 또는 복합운송 operator의 대리인 자격으로 발급하면 유효한 운송서류로 인정되어 은행이 수리하도록 규정하고 있다.

Forwarding Agent(운송대리인)

화주나 선박회사 및 운송인을 대신하여 화물의 인수, 위탁업무를 대행하는 자를 말하며, 운송주선업자(forwarder)와 같은 개념이다.

Force Majeure(불가항력)

매도인의 고의 또는 태만으로 인한 선적지연은 매도인이 책임을 져야 한다. 그러나 선적지연의 원인이 천재지변(Act of God)이나 전쟁 등 불가항력의 경우에는 매도인의 선적지연은 면책받을 수 있다. 이러한 경우를 대비해서 매도인은 매수인과 매매계약시 불가항력 조항(force majeure clause)을 삽입해야 한다.

Forty Foot Equivalent Units ; FEU (40푸터컨테이너)

컨테이너는 20푸터 컨테이너 및 40푸터 컨테이너를 많이 사용하고 있는데, 40푸터 컨테이너의 규격은 내부의 길이 길이×폭×높이가 각각 40'×8'×8' 또는 40'×8'×8' 6'' 등이 일반적으로 사용된다.

Franchise(면책비율)

적하보험 부보시 WA 3%조건일 경우 보험금액 3% 미만의 손해는 보험자가 면책되다. 이러한 비율을 면책비율이라 한다.

한편, 유럽거래선의 경우 독점권을 요구시 프랜차이즈란 말을 쓰기도 한다.

Free Alongside Ship ; FAS(선측인도조건)

선측 인도조건은 물품을 해상운송 또는 내수로 운송에 의하여 운송할 경우에만 쓰여지는 조건으로, 특히 원목이나 원면등과 같이 운송비가 많이 드는 대량의 실화물 거래에 주로 이용된다. 이 조건에서 매도인은 선적항에 정박하는 본선의 선측까지 운반하여 본선의 태클, 즉 선적용 도구가 미치는 곳에서 인도할 때까지의 비용과 위험을 부담한다. 이 조건하에서 수출통관은 매도인이 이행하여야 한다.

Free Carrier … ; FCA(운송인인도조건)

매도인이 지정된 장소 또는 지점에서 매수인이 지정한 운송인의 책임하에 수출통관된 물품을 인도했을 때 매도인의 의무가 이행되는 가격조건이다.

이 조건은 "Incoterms 1980"에서 사용되던 운송인인도(FRC)와 철도화차인도(FOB/FOT) 및 공항인도(FOA)조건을 FCA로 흡수·통합하여 운송방식에 관계없이 복합운송에 사용될 수 있도록 하였다.

FCA로 약정시 항공운송인 경우 FCA Kipmo Airport per set로 표기하면 된다.

Free on board ; FOB(본선인도조건)

무역거래에서 가장 많이 사용되는 가격조건 중의 하나로, 매도인은 선적항에서 물품이 본선의 현측 난간(ship's rail)을 통과함으로써 매도인의 물품 인도의무가 완료된다.

실무상 미국으로부터 FOB 조건으로 사옴을 수입시에는 필히 "FOB Vessel" 조건인지 또는 "인코텀즈의 FOB"조건인지를 분명히 해야 한다. 이는 미국 관습의 FOB 조건이 6가지가 있기 때문이다. 한편, FOB Vessel 조건인 경우 위험 부담의 분기점은 선박의 선창내가 된다.

Freight(운임)

운송서비스의 대가를 말한다. 따라서 운송서비스가 완료될 때에 운임을 지불하는 것이 원칙이다. 그러나 특약에 의해 운송물품을 인수할 때에 운송인은 운임의 지불을 청구할 수도 있다. 정기선 운송의 경우에도 운임 선불이 일반적 관행이다. 정기선 운송은 운임률이 공표(traffic rate)되어 있지만 부정기선(tramper)에 의한 운송은 수급 조정에 의해서 운임률이 크게 좌우되므로 용선료(hire ; chartered freight ; charterage)라고 불리운다. 운임은 용적, 중량, 화물의 가치 등에 의해 결정된다.

Freight Collect(운임후불)

FOB 조건일 경우 운임은 수입상이 지불하게 되므로, 이러한 경우 운임은 후불이 된다. 반면, CFR나 CIF의 경우 운임을 선불(freight prepaid)이 된다.

Freight Conference(해운동맹)

정기선 항로의 선박회사들이 일정한 항로에 있어서 운임 등 불필요한 경쟁을 방지하기 위해 결성하는 일종의 카르텔로서, 가장 기본적인 협정이 운임이므로 운임동맹이라고 부른다. 해운동맹은 그 가입이 자유로운 개방형동맹(open conference)과 폐쇄형동맹(closed conference)이 있다.

Freight Prepaid(운임선불)

매도인은 화물을 선적할 때 선화증권과 상환으로 선박회사에 지불하는 운임을 말한다. CFR나 CIF의 경우 운임은 선불된다.

Freight Rebate(운임감액)

선사와 하주가 약정을 맺어 화주가 일정기간 동안 동맹선사에 선적을 할 경우, 그 기간이 지나면 운임의 일정율을 환불해 주는 제도를 말한다.

Fumigation(검역소독)

각국은 전염병 병원체의 자국내 침입을 막기 위해 선박이나 수입되는 원목 등에 대해 겸역을 실시한다. 호중의 경우 비행기가 착륙하면 기내에 있는 여행자에게도 소독을 실시 하고 있다.

General L/C(보통 신용장)

보통 신용장을 개방 신용장(open credit)이라고도 하며, 이는 신용장에 의해서 발행되는 어음의 매입을 특정은행에 제한시키지 않고 어느 은행에서나 매입할 수 있는 신용장을 말한다. 이에 반해 어음의 매입이 어느 특정 은행으로 제한될 경우, 이를 특별 신용장(special L/C) 또는 제한 신용장(restricted L/C)이라고 한다.

Good Merchantable Quality ; GMQ (판매적격품질조건)

목제나 냉동어류 등과 같이 견품 이용이 곤란하고 그 내부의 품질을 외관상으로 알수 없는 거래에 이용되는 품질조건으로, 매도인이 인도한 물품은 판매 적격성을 지닌 것임을 보증하는 조건을 말한다.(→ FAQ)

Governing Law(준거법)

무역계약 체결시 그 계약의 성립과 이행 그리고 해석에 관하여 어느 나라 법을 적용할 것인가를 명시하게 되는데, 이를 준거법이라 한다.

Harmonized Commodity Description and Coding System ; HS(신국제통일상품분류)

HS란 국가별, 산업별로 통일된 상품분류체계를 사용하도록 관세협력이사회가 주관이 되어 제정한 것으로, 21sections, 97chapter, 1,241headings으로 분류되어 무역통계의 수집·비교 ·분석과 국제간 자료수집을 용이하게 하고 있다. 우리나라도 모든 수출입 상품분류 기준은 HS 단위로 명기하여 10단위까지 분류가 가능하다.

Import Clearance(수입통관)

상품 수입시 세관에 수입신고를 하고 현품검사를 받은 다음 관세를 납부하면 수입신고 필증을 받는다. 이러한 절차를 수입통관이라 한다.

Import Licence ; I/L(수입승인)

수입을 효율적으로 관리하기 위하여 수입승인품목에 대하여는 해당 수입승인기관을 통하여 수입에 따른 승인을 받도록 하고 있다. 승인대상물품을 수출입공고, 수출입별도공고상의 제한품목이다.

INCOTERMS(국내 및 국제거래조건의 사용에 관한 ICC규칙)

International Commerce Terms"의 약칭으로 2011년 1월 1일부터는 Incoterms 2010이 발효되었다.

Indent(위탁매입)

수입상이 직접 상품을 매입하지 않고 일정한 수수료를 지급하고 외국에 있는 특정인에게 매입을 위탁하는 것을 말한다. 이 경우 해외에 있는 매입 수탁자(indentee)를 매입대리점(buying agent)이라고 하며 또한 자국

의 실수요자에 의해 수입을 위탁받는 경우는 "import commission house"라고 하는데 우리나라의 경우 이를 대외무역법상으로 분류하면 전자를 을류무역대리업이라 할 수 있으며 후자는 수입대행업으로 볼 수 있다. 한편 위탁자(indentor)는 수탁자(indentee)에 대하여 매입 위탁장(Indent 또는 Indent Form)을 발송하고 수탁자는 위탁물을 매입한 즉시 위탁자에게 매입보고서(Purchase Report)를 보낸다. Indent란 용어와 관련하여 거래시 유의할 사항은 미국이나 인도등지에서는 이 용어를 order와 동일시 사용하고 있다는 점에 유의하여야 한다.

Instalment Shipment(할부선적)

수출상이 정해진 분할선적 기간내에 약정된 수량의 선적의무를 이행하지 못하면 수입상 및 개설은행이 당해 선적분을 포함하여 그 이후분까지 모두 취소되는 선적조건을 말한다.(→ Partial Shipment)

Institute Cargo Clause ; ICC(협회화물약관)

런던 보험업자협회에서 제정한 화물해상보험 특별 약관으로서, 구약관에는 FPA, WA 및 A/R가 있으며 신약관은 ICC(A), ICC(B) 및 ICC(C) 등으로 구분되어 있다.

Insurable Value(보험가액)

보험사고가 발생한 경우에 피보험이익의 평가액을 말한다.

Insurance Policy(보험증권)

보험계약의 성립과 그 내용을 증명하기 위하여 보험회사가 작성하여 기명 날인후 보험 계약자에게 교부되는 서류를 말한다.

International Chamber of Commerce ; ICC (국제상업회의소)

세계의 경제인들에 의해서 결성된 국제기구

로서, 각국 상공회의소의 연락·제휴·무역의 원활화 등을 목적으로 하고 있으며 그 본부는 파리에 두고 있다. ICC가 행한 중요한 활동으로는 Incoterms 제정 및 신용장 통일규칙 등을 들 수 있다.

Inquiry(조회)
수입업자가 제품 수입시 수출업자에 대하여 상품의 가격, 공급수량, 선적기간, 결제조건 등의 제시를 요구해 오는 경우를 말한다. 인쿼이어리를 받은 수출상은 수입상이 요구하는 제반 사항을 기업하여 회답을 하며 필요시에는 카탈로그나 견품 등도 송부해 준다.

Invoice Amount(송장금액)
송장에는 수출품의 명세·수량·단가·금액등이 상세하게 기재된다. 여기에서 금액, 즉 송장상의 총액을 가리킨다. 이 총액이 매도인이 매수인에게 상품을 선적하고 청구하는 청구액이며 또한 화환어음의 금액·보험가액·관세액 등을 결정하는 기초가 되므로 중요하다.

Knock Down(녹 다운)
기계부품을 수출하여 현지에서 조립·판매하느 방식을 말한다. 완제품 수출시 관세가 높은 국가인 경우 부품을 수출하고, 현지의 저렴한 노동력을 이용하여 조립·판매하면 수출상에게는 유리하다.

Label(표찰)
제품에 상품명, 상표, 제조원, 품질, 용도 등이 표시된 것을 말한다.

Landed Quality Terms(양륙지품질조건)
대부부의 선적 제품에 대한 품질조건은 선적지 품질을 최종적으로 하나 석탄이나 곡물등과 같은 제품은 도착지에서 약정품에 대한 품질검사의 결과를 물품의 약정품질로 정하는 조건을 말한다.

Laydays(정박기간)
Laytime이라고도 하며, 이는 선주와 화주간 용선계약시 화물의 선적과 하역을 위하여 허용된 일수에 관한 용어를 말한다. 정박기간은 며칠 또는 몇 시간으로도 표시하기도 하며 또 하루 몇 톤이라고도 표시한다.

Less than Container Load Cargo ; LCL Cargo
컨테이너 1개의 양에 부족한 소화물을 말하며, 이에 반대되는 화물을 FCL화물이라 한다. 이러한 화물은 사전에 선사에 선적의뢰 후 선사의 화물집합소(container freight station)나 Inland Deport 집합소로 이전되어 다른 화물과 한 컨테이너내에 혼재되어 선적 및 양하되는 화물을 말한다. (→ FCL Cargo)

Letter of Credit ; L/C(신용장)
신용장이란 은행의 조건부 지급확약서이다. 즉, 무역거래의 대금지급 및 상품수입의 원활을 기하기 위하여 수입상의 거래 은행인 신용장 개설 은행이 수입상의 요청과 지시에 의해 독자적인 책임으로, 수출상 또는 그의 지시인으로 하여금 신용장에 명시된 조건과 일치하는 운송서류를 제시하면, 수입자를 대신하여 지급이행 또는 신용장에 의해 발행된 어음의 지급·인수를 수출업자 또는 어음 매입은행 및 선의의 소지인에게 확약하는 증서를 말한다.

Letter of Guarantee ; L/G(수입화물 선취보증서)
수입화물 선취보증서란 수입지에 선적서류 원본보다 화물이 먼저 도착한 경우 수입상이 서류 도착시까지 기다리지 않고 수입화물을 통관하려고 할 때 신용장 개설은행에 선박회사 앞으로 발행하는 보증서를 말한다.

Lien(유치권)
해상운송의 경우 'Maritime Lien'이라고 하며 운송 계약에 의해 하주가 운임 및 기타 부대비용을 지급하지 않을 경우 선주가 그 적제 화물을 유치할 수 있는 권리를 가진다.

Liner Terms(정기선조건)

이는 Berth Term이라고도 하며, 일단 화주가 선박회사에게 운임을 지불하면 선박회사가 적재화물을 목적지까지 해상운송을 하는 운임률의 한 조건이다.

Litigation(소송)

당사자간 무역분쟁이 발생할 경우 중재에 의해 해결한다는 약정이 없는 한 소송에 의해 해결할 수밖에 없다. 소송에 의한 무역분쟁해결은 3심제인 데다 많은 시간과 경비가 소요되고 기업비밀 등이 누설되며, 또한 해당국 당사자에게 집행도 할 수 없다는 단점을 갖고 있다. 따라서, 무역분쟁 해결은 가능한한 소송을 피해 나가는 방법을 모색하여야 한다.

Lump-sum Charter(선복용선)

한 선박의 선복(ship's space) 전부를 한번 선적(one shipment)으로 간주하여 운임액을 정하는 용선계약을 말한다. 선복 용선계약에서는 운임을 적재 수량과 관계없이 한 항해당 운임총액 얼마라고 포괄적으로 약정한다.

Manifest ; M/T(적화목록)

선적이 끝난 후 선화증권의 사본을 기초로 하여 본선이나 선사 또는 대리점에서 작성하는 적화품의 명세서이다. 이는 양육지에 입항할 때, 선장의 서명을 받아 이를 세관에 제출하여 입항 절차용으로 제공되어지는 중요한 서류이다.

Marine B/L ; Ocean B/L(해양선화증권)

이는 부산에서 동경 또는 인천에서 뉴욕등과 같이 외국의 해상운송에 대하여 발행하는 선화증권을 말한다. 항해에 관한 위험은 침몰(sinking)·좌초(stranding)·충돌(collision)등과 같은 해상고유의 위험(peril of the seas)과 해적(pirates)·전쟁(war)·선원의 악행(barratry of master and mariners)등과 같은 인위적 위험이 있다.

Market Claim(마켓클라임)

계약이 체결된 후 매수인측이 시황이 나빠 사소한 결점을 이유로 가격의 인하를 요구하거나 고위적으로 악덕 클레임을 제기하는 경우가 있는데, 이를 마켓 클레임이라고 한다.

Master Credit(원신용장)

내국신용장(Local L/C)의 발급근거가 되는 신용장을 말한다. 즉, 내국신용장의 개설을 위해 견질담보로 제공된 해외에서 수취한 수출 신용장을 말하며, "Original credit"또는 "Prime credit" 등으로 불리운다.

Mate`s Receipt(본선수령증)

재래선박에 적재되는 화물은 일반적으로 선적선화증권(shopped B/L)을 요구하게 된다. 이 경우 화물이 본선에 반입되면 일등 항해사(chief mate)가 선장을 대리하여 선사가 발급한 선적지시서(Shipping Order ; S/O)와 대조하면서 화물을 수령하여 선창에 적부시키고 화물수령에 관한 증거로서 발급하는 서류이다.
컨테이너 화물인 경우에는 선적선화증권보다는 수취 선화증권(received B/L)이 발행되는 것이 관행이므로, 이에 대한 선적 확인은 사실상 화물이 CY에 반입되어 CY operator로부터 부두 수취증(dock receipt ; D/R)의 교부와 동시에 선화증권이 발행됨으로써 on board notation(적재필 확인)이 이루어 진다.
한편 선화증권은 선사가 발행하는 선화증권의 전면 약관에 "shipped in apparent good order and condination~"으로 시작되며, 수취 선화증권은 "Received inapparent good~"으로 시작된다. (→ Shipped B/L On board B/L Received B/L)

Measurement Cargo(용적화물)

선박회사가 운임계산의 기준을 설정할 때 적용시키는 화물 중에서 용적을 기준으로 하는 화물을 말한다. 선사는 일반적으로 용적화물과 중량화물(weight cargo)로 나누어 자기네가 유리한 쪽으로 운임을 결정하게 된다. (→ Revenue Ton)

Memorandum of Agreement ; Agreement on the General Terms and Conditions of Business(일반거래조건협정서)

무역거래는 국가간에 이루어지기 때문에 서로 다른 상관행에 대한 분쟁을 예방하여야 한다. 이를 위하여 세부계약에 앞서 양자간 무역거래의 일반적 기준이 될 제반조건을 협정하고 이를 문서화하는 것을 말한다. 그러나 무역거래에는 통상 협정서를 따로 만들지 않고 세부적인 계약서인 매약서(sales contract)또는 매입서(purchase order) 이면(back)에 인쇄하여 적용시키는데, 이 경우 전면과 후면이 상치되는 약정문구는 전면을 우선 적용하는 것이 원칙이다.

Merchanting Trade(중개무역)

수출국(A)과 수입국(B)의 중간에서 제3국(C)의 상인이 개입하여 이루어지는 거래를 말한다. 이 경우 C가 수출입을 알선하는 입장에서 본 무역이다. 중개무역을 수출상이 수입상에게 거래물품을 직접 송부하게 되나 대금결제는 B가 A에게 직접 결제하고 C는 양쪽에서 수수료를 받는 경우와 B가 C를 통해 A에게 결제하는 경우도 있다.

Minimum Freight(최저운임)

운임의 기준은 일반적으로 중량 또는 용적단위를 채택하고, 고가품일 경우에는 종가운임(ad valorem rate) 등을 적용시키는데, 최저운임이란 이러한 화물의 운임을 산정한 결과 그 운임이 일정한 금액에 미달되는 경우에 적용되는 운임을 말한다. 최저운임에도 미달하는 경우에는 소포에 준하여 소포운임이 적용된다.

More or Less Clause ; MOL(수량과 부족조항)

기름·곡물·광산물 등과 같이 운송과정에서 감량이 생길 우려가 있는 품목은 계약서상에 약간의 과부족(surplus or deficiency)을 용인하는 조건을 말한다. 즉, 10% 이내의 과부족에 대해선느 상대방에게 용인되는 조건이다.

MTD ; Multimodal Transport Document (복합운송증권)

선박·철도·항공기·자동차에 의한 운송방식 중 적어도 두가지 이상의 다른 운송방식에 의하여 운송물품의 수탁지와 인도지가 서로 다른 국가의 영역간에 이루어지는 복합운송 계약을 증명하기 위하여 복합운송인이 발행하는 증권을 말한다.

Multimodel Transport ; Combined Transport (복합운송)

특정화물은 육상·해상·항공 운송중에서 두가지 이상의 운송형태를 복합적으로 이용하여 출발지에서 최종 목적지까지의 운송구간 중 화물의 옮겨 실음(이적)이 없이 일관운송(through transportation)하는 것을 말한다. 한편 이러한 일관운송의 전체적인 책임을 지는 주체를 바로 복합운송인(multimodel : combined : intermodel transpot operator)이라고 한다.

Negative List System

수출입 공고상에서 수출입금지 품목과 수출입 제한 품목만 열거하고, 여기에 해당되지 않는 물품은 일단 자동적으로 수출·입하하는 제도를 말한다.(→ Positive List System)

Negotiable Document(유통증권)

복합운송 증권(multimodel transport documents

; MTD)에 관련된 용어로서, 복합운송증권이 유통 가능한 형식으로 소지식인(to order) 등으로 발행되는 증권을 말한다.

Negotiating Bank(매입은행)

매입 신용장(negotiation L/C)상의 수익자가 수출대금을 회수하기 위하여 신용장조건과 일치하는 운송서류와 환어음을 구비하여 자기 거래은행 또는 매입지정은행에 매입을 의뢰하게 되는데, 이때 어음을 매입하는 은행을 말한다.

Non-delivery(불착)

예정된 양륙항에 선적화물이 전혀 도착되지 않을 경우 수화인에게 인도가 불가능한 상태를 말한다. 한편 이와 같은 위험을 방지하기 위해서 해상적화보험 부가조건 중에서 TPND(theft, pilferage and non-delivery)조건에 부보를 하면 이러한 위험을 커버할 수 있다.

Nin-tariff Barrier ; NTB(비관세장벽)

관세 이외의 자유무역을 제한하는 무역정책 수단을 말한다. 여기에는 수량제한, 수입할당제, 수출 자율규제(VER), 수입과징금제, 수입덤핑규제, 수입담보금 예치제, 국내소비세 등 국내 산업을 보호하기 위한 수입제한적 비관세장벽가 수출보조금(subsidy), 수출신용보험제도, 무역금융 등과 같은 수출 장려적 비관세장벽이 있다.

Notify Party(화물도착통지서)

수입화물이 목적항에 도착하였을 때 선박회사로부터 화물도착 통지서(arrival notice)를 통지하여야 할 곳으로, 선화증권상에 보통 수입상 또는 그 대리인 명의의 상호와 주소가 명기된다.

Notifying Bank(통지은행)

신용장개설은행이 신용장을 개설하면서 수익자에게 신용장이 개설된 사실과 그 신용장의 내용을 통지하도록 지시받은 수출지의 은행을 말하며, "Advising bank 또는 Transmitting bank"라고도 불리운다.

OEM ; Original Equiment Manufacturing (주문자상표부착 거래)

수출상이 매매계약상에 수입상이 요구한 상표를 부착하여 수출할 것을 약정함으로써 이루어지는 거래를 말한다. 이는 단기적으로 볼 때 그때그때마다의 주문에 의하여 수출실적은 증가할 수 있으나, 장기적으로 볼때는 시장을 다변화시키기 위한 자사상표를 개발하여야 한다. 또한 선직제국에서는 상표권(infrengement)를 빌미로 현지에서 전매가 불가능하다는 약점을 이용한 마켓 클레임이 제시될 수도 있음을 유의하여야 한다.

Offer(청약)

무역거래시 무역계약체결을 위한 당사자간의 의사표시를 말한다. 즉, 무역거래에서 매매조건을 제시하는 것 또는 그 서류를 가리킨다. 주로 상품의 수량, 단가, 금액, 인도조건, 대금지급조건 등을 제시하게 된다.

매수인이 제시하면 "Buying offer"라 하고 매도인이 제시하면 "Selling offer"라 하는데, 무역실무에서 오퍼라 함은 거의 Selling offer, 즉 매도인측의 판매조건과 더불어 판매 의사 표시를 말하는 것이다.

Offer Agent(오퍼상)

외국의 수출상의 위임을 받은 자 또는 외국 수출상의 지사나 대리점이 국내에서 외국의 수출상을 대리하여 물품매도확약서(offer sheet)의 발행을 주된 업으로 하고 부수적으로 스출물품의 구매알선 행위를 업으로 영위하는 자를 말한다.

Offer Subject to Prior Sale (선착순매매 조선부청약)

한정 수량의 상품을 다수의 상대방에게 오퍼를 하는 조건으로 매수인이 승낙을 해도 이미 상품을 판매한 때에는, 오퍼의 효력이 소멸된다. 승낙을 빨리 한 당사자에게 판매한다.

On Board B/L(선적선화증권)

화물이 실제로 선적된 것을 나타내는 선화증권을 말한다. 선화증권이 선전후에 발행되는 경우는 처음부터 선적 선화증권이 되지만 선적전에 수취선화증권이 발행되어 있는 경우에는 선적후 그 증권에 선전 문구(on board notation)가 기입되어 "On Board B/L"이 된다.

Open Account(청산계정)

청상계정방식은 사후송금 결제방식으로 단순송금방식과는 정반대이다. 수출상은 수입상에게 상품을 선적한 후 계약에 따라 일정기간내에 대금을 결제토록 하는 방식으로 유럽을 중심으로 서구사회에서는 보편화된 결제방식이다.

Open Conference(개방동맹)

해운 동맹(shipping conference)의 신규가입 방법 중의 하나이다. 개방적 동맹은 배선의사와 능력이 있는 선주는 누구나 신규로 가입할 수 있고 또한 탈퇴도 자유로운 개방된 해운 동맹이며 북미 항로의 운임동맹들이 대표적인 개방동맹이다.(→ Closed Conference)

Open Policy(포괄보험증권)

예정보험(open cover) 중의 하나로, 화물을 선적시마다 매건별로 개별적인 보험계약을 체결하지 않고 일정화물에 대해서 포괄적으로 보험계약을 체결하는 데 발행되는 증권을 말하며, "Open Contract"라고도 한다.

한편, 포괄보험증권에 의해 개개의 화물에 부보되어 있음을 증명하는 약식서류를 보험증명서(insurance certificate)라고 한다. (→ Insurance Cerificate)

Opening Bank(신용장개설은행)

신용장 개설의뢰인이 요청에 의해서 수익자 앞으로 신용장을 개설하는 은행을 말한다. 개설은행은 수익자에 대하여 지급 등을 확약하는 자로 환어음 지급에 있어서 최종적인 책임을 지게 된다.
UCP상에 "Issuing Bank"라고 병기되어 있다.

Order B/L(지시식선화증권)

신용장상의 선화증권 발행 요구 조항에 수화인(consignee)을 "order(to order)," "to order of shipper" 또는 "to order of xx bank"라고 기재토록 요구한 선화증권을 말한다.
이 경우 "to order(=to the order of shipper)"라고 명기되면 일반적으로 백지백서(endorsed in blank)를 요구하게 되는데, 이는 송화인(shipper)만이 선화증권 이면에 배서함으로써 다음 선화증권 소지인이 자동적으로 피배서인의 자격을 유보하게 되어 권리를 양도하게 되는 것이다.

Original B/L(선화증권원본)

선장이나 그의 대리인의 original 서명에 희애 발급된 선화증권을 말한다.(→ Full Set)

Original Credit(원신용장)

개설된 신용장을 국내에서 처음으로 수령한 원 수익자가 보유하고 있는 수출신용장을 말한다. 이는 "Master Credit" 또는 "Prime Credit" 등으로도 불린다.

Original Sample(원견품)

계약조건에서 품질의 기준을 약정하기 위해 상대방에게 송부하는 견품을 말한다
(→ Counter Sample)

Outer Packing(외부포장)

화물의 운송·하역·보관에 편리하도록 외부로부터의 충격, 압력, 온도, 습도 등의 모든 장애로부터 내용물을 보호, 그 가치를 유지하기 위해 행하는 짐꾸러미를 말한다. 한편 화물의 하나 하나에 대해 한 개의 운송용기에 넣음으로써 화물에 대한 수분, 광열, 균형 등을 고려하여 그 예방적 조치로 채택되는 내부결속 등과 같은 보호적 포장을 내장(inner packing)이라고 한다.

Packing List(포장명세서)

선적화물의 포장 및 포장단위별 명세와 단위별 순중량·총중량·용적·화인 및 포장의 일련번호 등을 기재한 상업송장의 보조서류를 말한다.

Pallet(팔레트)

화물을 일정 수량단위로 모아 하역·보관·수송하기 위해 사용되는 하역받침으로, forklift를 이용하여 하역하기 때문에 받침에는 fork가 들어갈 수 있는 공간이 있다. pallet도 종류가 여러 가지인데, 평팔레트, box pallet 그리고 post pallet등이 있다.

한편, 체선시간을 줄이고 하역비를 절감시키기 위해 목팜에 화물을 싣고 묶어서 다루는 화물 취급방법에 이용되는 화물을 "Pallettized Cargo"라 한다.

Parcel Post Receipt(우편소포수령증)

우편수령증(post receipt)이라고도 하며, 유상의 견품이나 소화물을 소포우편으로 외국에 발송하는 경우 우체국에서 발행하는 화물수령증으 말한다.

이는 신용장 통일규칙상 운송서류 중의 하나로 규정되어 있으며 신용장조건에 충족되어야만 은행에서 당해 서류를 수리한다.

Patent(특허권)

새로운 공업적 가치의 발명을 해낸 사람이 발명품이나 혹은 그 원리에 따라 생산한 물품을 법정기간 동안 독점하여 제작, 사용, 팜매할 수 있는 권리를 말한다.

Partial Loss(분손)

전손(total loss)에 반대되는 용어로서, 보험에 부보된 선박 또는 화물 등의 일부가 멸실되거나 또는 이들의 전부 혹은 일부가 훼손되거나 또는 이들의 일보가 상실되어 발생하는 손해를 말한다.

여기에는 단독손해(particular average)과 공동해손(general average)이 있다.

Partial Shipment(분할선적)

수입상측의 요구에 의하여 계약물품을 몇차례로 분할하여 선적하는 것을 말한다. 신용장 거래시 분할선적의 허용여부를 신용장 문면에 지시하게 되어 있는데, 아무런 표시가 없으면 허용되는 것으로 간주한다.(→ Instalment Shipment)

Peril of the Seas(해상고유의 위험)

구보험증권의 위험약관 중 가장 먼저 표시되는 위험이다. 풍파의 통상적인 작용에 의한 자연소모(Wear and Tear)는 해상고유의 것으로 그것을 사고 또는 재해가 아니기 때문에 위험으로부터 제외된다. 풍파에 의한 파손, 난파, 침몰, 좌초, 충돌, 화재 등이 대표적인 해상 고육의 위험들이다.

Pier to Pier

컨테이너 선사에 의해 제공되는 서비스나 운임을 말하는 것으로, 수출국 항구 터미널에서 선사의 책임하에 화물이 선적되거나 화물 도착지의 터미널까지 화물이 배송되는 경우에 해당된다.

Piggy-back System

컨테이너 운송방식을 말하는 용어로서, 컨테이너를 적재한 트레일러(trailer)를 철도의 무개화차에 실어 수송하는 방식을 말한다. 이것은 일종의 TOFC(trailer on flat car)의 수송방식이며, 컨테이너를 배에 싣고 운송하면 "Fish-back", 그리고 항공기에 싣고 운송하면 "Birdy-back"이라고 불린다.

Pirates(해적)

해상보험에서 해적의 뜻은 약탈자가 약탈·방화·파괴·폭행을 함으로써 초래시킨 손해를 말하며, 그러한 행위를 담보하는 보험약관을 해적 행위약관(Piracy Clause)이라고 한다.

Plant Export(플랜트 수출)

플랜트를 구성하는 요소인 기계지구, 자재제작 및 판매와 병행하여 플랜트의 종합가능 발휘에 필요한 기술지식, 공업소유권, Knowhow, 기술자용역을 포함하는 유형·무형의 물품수출이나 소요인원의 조달, 외국에서의 플랜트 공사의 도급업무 등을 포함하는 수출을 말한다. 한편, 선박 및 차량을 포함한 산업시설과 그 부분품이나 부속품의 수출을 말하기도 한다.

PLI ; Product Liability Insurance (제조물책임보험)

제조된 물품의 하자로 인하여 그 물품의 사용자 또는 제3자가 인적손상이나 재산상의 손해를 입은 경우 제조자가 부담하는 배상책임을 제조물 책임(product liability)이라고 하며, 이러한 위험이 있는 물품에 대하여 보험회사에 담보시키는 보험을 말한다.

이는 미국을 비롯한 선진제국 등지에 수출할 경우에는 상대방에서 요구하거나 또는 보험부보가 의무화되어 있기 때문에 트기 공산품 같은 경우에는 사전에 PLI에 대한 협상을 구체적으로 하여 원가계산에 참조를 하여야 한다.

Principal(본인)

물품계약을 체결할 당시 매매당사자를 확정짓는 용어로 사용되는데, 당사자가 자기의 계정(account)과 위험(risk)을 갖고 거래하는 당사자를 지칭한다. 이와 반대로 용어는 대리인(agent)이라고 한다.

Processing Deal Trade(위탁가공무역)

이는 가공임을 지급하는 조건으로 가공할 원자재의 전부 또는 일부를 외국의 거래 상대방에게 수출하여 이를 가공한 후 가공물품을 수입하는 수출입을 말한다. 이는 자국내에서 가공하여 수출하는 것보다 가공임이 비교적 저렴한 국가에 가공을 위탁하는 것이 유리하거나 기술이 상대적으로 발달된 국가에서 가공하고자 할 경우에 이용된다.

Protective Tariff(보호관세)

국내의 유치산업(infant industry)의 보호·육성과 기존산업의 유지를 주목적으로 부과하는 관세를 말한다.

Purchase Order ; P/O(매입서)

Order Sheet와 같은 뜻으로 사용되는 용어로서 일종의 계별 계약서이다. 매매계약이 성립된 후에 계약내용을 확인하기 위하여 수입상이 작성하여 수출상에게 송부한다.

Quality Claim(품질클레임)

약속된 제품의 품질불량, 품질상위, 파손 및 불완전 포장 등으로 인해 발생되는 클레임을 말한다.

Quality Terms(품질조건)

품질조건에는 상품명, 규격, 색상, 모델 등이 포함되며 품질을 결정하는 방법으로는 견품매매, 상품 매매, 설명 매매, 표준품 매매 및 규격 매매 등으로 구분된다.

Quantity Discount(수량할인)

수량을 표시하는 조건은 제품에 따라 개수, 포장단위, 용적, 중량 및 길이 등으로 표시된다.

Quay(부두)

선박이 화물이나 승객의 승선이나 하선을 적절히 하기 위해 옆으로 댈 수있도록 육지와 평행하게 만들어진 평행담벽 형태의 부두를 말한다.

Quota(할당제)

수출입되는 상품의 일정금액 또는 수량을 제한하는 제도를 말한다. 수출입을 제한하는 데 이용되는 비관세장벽(NTB)제도 중에서 가장 효율적인 수단으로 이용되고 있다.
(→ Voluntary Eaport Restraint)

Railway Consignment Note(철도화물수탁서)

육상운송에 탁송한 화물의 청구권을 표시한 유가증권을 말한다. 이는 화물을 육상운송중에서도 주로 철도로 운송했을 때에 운송인 또는 대리인이 송화인의 청구에 의하여 그 탁송을 위임 받은 화물에 대하여 발행한다. 한편, 도로운송에 의한 화물의 탁송일 경우에는 도로화물수탁서(road consignment note)가 발행된다.

Received B/L(수취선화증권)

수취선화증권이란 화물을 선적할 선박이 항내에 정박중이거나 아직 입항되지는 아니하였으나, 선박이 지정된 경우에는 선박회사가 화물을 수령하고 선적전에 발행하는 선화증권을 말한다. 컨테이너 화물은 원칙적으로 지정창고에 반입된 후 또는 컨테이너에 적입된 후 발행된 부두수취증(dock receipt ; D/R)과 교환으로 선적전에 선화증권이 발행되기 때문에 수취선화증권이다. 따라서 신용장상에서 선적 선화증권(shipped B/L)이나 적재필 선화증권(On Board B/L)을 요구할 경우에는, 수취 선화증권은 은행에서 수리 거절

하게 되므로 선화증권 문면에 "loaded on board dated September 6, 20xx"와 같이 본선적재 또는 선적완료 문구가 있어야 한다.
(→ Shipped B/L, On Board B/L)

Reefer Container(냉동 컨테이너)

냉동화물 및 과실 등 부폐되기 쉬운 화물을 수용하기 위해 콘테이너내에 방열장치 및 냉동기를 설치해 -28℃에서 +260℃까지의 온도를 임의로 조절할 수 있도록 고안된 컨테이너를 말한다.

Re-Export(재수출)

자국에 수입된 화물을 재수출하는 것을 말한다. 가공된 화물 또는 수출입 화물의 용기라든가, 수선된 화물에 있어 수입허가일로부터 일정기간 이내에 수출되는 경우에는 관세가 감면된다. 또한 장기간 사용시 우리나라에서 일시적으로 사용하기 위해 수입된 물품에 대해서도 일정 기간 이내에 수출되는 경우에도 관세가 경감된다.

Re-Import(재수입)

해외에 수출된 화물을 다시 자국에 수입하는 것이다. 재수입된 화물이 보세공장의 제품이고 그의 수입이 관세법에 정한 재수입면세의 요건에 해당할 때는 관세가 경감된다.

Remittance(송금환)

외국환에 의한 결제방법 중의 하나로, 무역거래에서 이용되는 송금환 방식은 물품 선적전에 외화·수표 등 대외지급수단에 의하여 미리 대금을 영수하고 일정기일내에 상응하는 물품을 선적하는 결제방식을 말하며, 사전송금방식(remittance basis) 또는 주문불(Cash with Order ; CWO)이라고도 한다. 여기에는 지급지시방법에 따라 전신송금환(telegraphic transfer ; T/T)·송금수표(demand draft ; D/D) 및 우편송금환(mail transfer ; M/T)이 있다.

Remittind Bank(추심의뢰은행)

추심어음거래(D/P·D/A)의 경우, 추심의뢰인, 즉 수출상의 추심요구에 따라 금융서류(환어음)와 상업서류(운송서류)를 수입지의 은행으로 송부하여 추심을 의뢰하는 수출지의 수출상 거래은행(일반적으로)을 말한다. (→ Collecting Bank)

Renegotiation(재매입)

매입제한 신용장을 수출신용장으로 받은 수출상은 일단은 매입은행의 선택권을 유보하기 때문에 1차적으로는 수출상의 거래은행에 1차 매입이 이루어지고 그 다음에는 반드시 신용장에서 제한한 은행으로 재매입(renego)이 이루어지게 된다.

Retaliatory Tariff(보복관세)

타국이 자국의 수출품에 대하여 또는 자국의 선박 또는 항공기에 대하여 불리한 대우를 하는 경우 그 차별이 관세에 의한 것이든, 다른 방법에 의한 것이든, 또는 직·간접이든 자국의 산업에 불이익의 영향을 미치는 경우에 그 불리한 대우를 관세의 부과로써 제거하기 위하여 부과되는 관세를 말한다.

Revenue Tariff(재정관세)

국가의 제정 수입을 주목적으로 부과하는 관세를 말한다. 재정관세는 일반적으로 국내 생산이 거의 불가능하여 수입에 의존할 수밖에 없거나, 수입을 권장하거나 더 이상 보호할 가치가 없을 때 부과한다.

RT ; Rye Term

RT란 원래 Rye(호밀) 거래에 사용되었다고 해서 RT조건이라 하는데, 곡물류 거래에 있어서 물품이 도착시 손상되어 있는 경우에 그 손해에 대해 매도인이 책임지게 되는 양륙품질조건(landed quaility term)을 말한다. (→ TQ, SD Term)

Running Laydays(연속정박 24시간)

용선계약(charter party) 또는 선화증권 중에 단순히 days 또는 running days라고 기재되어 있을 경우에는, 정박이 하역기간의 개시로부터 하역이 끝날 때까지 소요된 모든 경과 일수를 휴일이나 기후, 불가항력 등에 관계없이 정박기간(laydays / laytimes)으로 산입하는 방법을 말한다.

Sailing Schedule ; Shippinf Schedule (배선예정표)

정기선 운항선사가 선박의 현재 및 미래 운항계획을 프린트한 것으로, 여기에는 선박의 이름과 각 기항 항에서의 화물선적일·입항일·출항일 등이 기록되어 있고 화물예약등을 위한 대리점의 이름과 전화번호 등이 포함되어 있다.

Safe Port(안정항)

용선계약 체결시 선적항과 양륙항에서 본선 및 화물이 다 같이 지리적 또는 정치적으로 위험없이 안전한 항(port)이어야 한다는 조항을 말한다. (예: Loading port or place : One ⑴ safe berth, one⑴ safe port Pusan, Korea라고 명기되었다면 이는 부산항의 1개부두에서 선적이 완료되어야 하고 혹시 항내에서 본선이 부두(berth)를 옮길(shifting) 경우에는 그 이전비용은 용선자(Charterer)의 부담이 된다. 한편, Discharging port or place: One or two safe ports in Korea라고 명기되면 화물 전부를 우리나라에 있는 어떠한 항구에 양륙하든가 또는 두 항구에 분할하여 양륙하는가는 용선자의 선택에 의한다.

Sales by sample or Pattern(견품매매)

실제 매매될 상품의 품질(quality)을 매매당사자가 제시한 견품에 의하여 인도할 것을 약정하는 품질결정방법을 말한다. 무역계약 체결시에 일반적인 개품들은 대부분이 견품에 의해서 품질을 결정하게 된다.

Sales by Specification or Description (규격 또는 설명매매)

품질을 결정하는 방법중의 하나로 거래 대상물품의 소재, 구조, 성능 등에 대하여 상세한 설명서(specifications)나 설계도면(drawing/plan) 등을 제시함으로써 이를 근거로 품질을 결정하게 된다. 예를 들면, 정밀기기, 선박, 철도차량, 중장비류 등이 여기에 해당된다.

Sales by Standard(표준품매매)

품질을 결정하는 방법중의 한 거래방식으로 농수산물과 같이 수확이 예상되는 물품과 목제 등과 같이 정확한 견품의 제공이 곤란한 물품에 대하여는 그 표준품(standard)을 정하여 품질을 결정하고, 실제 제공된 물품과 표준품에 차이가 생길 경우에는 거래계약조건이나 관습에 따라 물품대금의 일정액의 편차를 두어 금액을 조정함으로써 이루어지는 거래를 말한다.(→ FAQ·GMQ)

Sales by Trade Mark or Brand (상표 또는 통명에 의한 매매)

상표에 의해 품질을 결정하는 매매를 말한다. 이는 국제적으로 인정된 물품에 대해서는 품질을 그 회사의 상표나 통명(brand)에 의해서 결정함으로 매매가 이루어지는 거래를 말한다. (예 : Parker 만년필, Cocacola, Nikon 카메라 등)

Sales by Trade or Grade(규격매매)

품질을 결정하는 방법중의 하나로 물품의 규격이 국제적으로 통일되어 있거나 수출국의 공적인 규격으로 특정되어 있는 경우에 이용되는 매매방식이다. 예를 들면 국제표준화기구의 ISO, 영국의 BSS, 일본의 JIS, 그리고 미국의 ASTM 등과 같은 규격을 말한다.

Sales of Future Goods(선물매매)

장래의 일정기일에 약정품의 품질, 수량, 가격의 현품인도를 약속하는 기한부 매매를 말한다.(예: 쌀, 보리, 차 등과 같은 농산물의 수확예상품이나 제조예정품 등.)

Salvage Charge(구조비)

해상손해 중에서 비용손해(expenses)에 해당되는 사항으로서 제3자가 해상에서 해난 구조계약을 체결함이 없이 선박이나 화물을 해상위험에서 임의로 구출해 주는 행위 또는 서비스에 대한 해상법(maritime law)상의 보수를 말한다. 이 임의구조비용은 보험자가 피보험자를 대신하여 구조자에게 지급한다.

Sanitary Certificate(위생증명서)

식료품, 약품, 동물의 가축류(도살한 상태의 육류)등을 수출하는 경우에 수입국 보건기준에 함치된 것을 수입할 수 있도록 관리하기 위하여 요구에 의해 수출국에서 위생 검사 당국이 발행하여 제공하는 서류를 말한다. 특히 식품류 등을 미국으로 수출하는 경우에는 FDA(Food and Drug Adminstration)의 기준에 합치되는 보건·안전기준에 관한 서류를 제공하여야 수출이 가능하다.

"Health Certificate" 또는 "Veterinary Certificate "라도고 불린다.

Seller's Market(매도주시장)

판매자 위주의 시장, 즉 판매자 의사에 의해 지배되는 시장을 말한다. Buyer's market의 반대개념으로 상품이 다소 부족하거나 가격이 상승할 기미로 수용가 증가할 때는 판매자가 유리한 입장에서 판매할 수 있으며, 이 경우 구매자가 상품을 선택하거나 가격이나 수량 등에 대해 주문할 수 있는 여지가 별로 없다. 이와 같이 판매자의 입장이 구매자의 그것보다 유리한 시장을 "Seller's Market"이라고 한다.

Selling Offer(판매오퍼)

무역거래에서 매도인이 매수인에게 가격, 수

량, 결제 등의 거래 조건을 제시하여 계약을 체결하려고 하는 의사표시를 말한다. 국제무역거래에서 오퍼라고 하면 대부분이 이 판매오퍼를 지칭하는 것이다.

Service Trade(서비스무역)

상품무역에 대한 용어로, service의 국제거래시, 광의로는 무형무역을 가리키나 통상 협의로 사용되는데, 국제수지표의 무역외 수지 항목(무형무역에 해당)에서 정부거래와 투자수익등을 제외한 부분을 구성하는 무역을 말한다. 용역거래라고도 하는데, 구체적으로 해상운임, 해상 보험료, 여행경비, 대리점 수수료, consultant, 의료, 회계처리 등의 수취 및 지급은 여기에 속한다.

Setting Bank(상환은행 또는 결제은행)

신용장에 대한 대금지급은 외환거래의 관행상 은행간 계정이체 방식에 따라 결제가 이루어진다. 그러나 신용장상의 통화가 수출국이나 수입국의 통화가 아닌 제3국의 통화일 경우나 또는 개설은행과 예치환 거래계약(depositary correspondent arrangement)이 체결되지 않았을 경우에는 제3국에 있는 개설은행의 예치환 거래은행이 그 신용장의 결제은행이 되는 경우가 있다. 이럴 때에는 서류를 매입한 매입은행은 운송서류를 개설은행으로 송부하고 환어음은 상환은행(결제은행)으로 송부하여 대금결제를 받게 된다.
(→ Reimbursement Bank)

Shipment(선적)

신용장 통일규칙에 의하면, 선적이란 의미는 "본선적재"(loding on board), "발송"(dispaych), "운송을 위한 인수"(accepted for cariage), "우편수령일"(date of post receipt), "접수일"(date of pick-up), 그리고 복합운송의 경우에는 "수탁"(taking in charge)의 의미를 포함한다.

Shipping Mark ; Cargo Mark(화인)

화인이란, 선적화물 각각의 포장물 외장에 특정의 기호, 문자, 포장번호, 목적항, 원산지등의 표시를 함으로써 상호간에 화물에 대한 식별을 용이하게 하는 것을 말한다. 통상 화인은 매수인이 계약 체결시 약정하거나 지시를 하게 되는데, 이러한 것이 없을 경우에는 매도인이 임의로 표시한 후 매수인에게 통지하게 된다.

Shipping Order ; S/O(선적지시서)

선적지시서란, 화주의 선적신청에 따라서 선사가 현품을 확인한 다음 본선의 선장 앞으로 기재된 화물을 선적하도록 지시한 문서를 말한다.
선적 책임자가 인수한 화물은 선적지시서별로 리스트를 작성하여 본선 적부계획과 선적작업 준비용으로 쓰이며 이것에 의하여 화물을 본선에 적재하고 본선 수취증(M/R)을 작성하여 화주에게 교부한다.

Shipping Requst ; S/R(선복요청서)

선복요청서란, 화주가 선사에 제출하는 물품 운송 신청서를 말한다. 여기에는 선화증권상에 명기되는 각종 화물과 관련된 명세가 기재되고, 이것을 근거로 선화증권과 적화목록(manifest) 등이 작성되므로 정확하게 작성하여야 하며 2통 이상을 작성하여 한 통은 선사의 확인서명을 받아 선복요청의 증거서류로 보관하게 된다.

Specific Duties[종량(관)세]

종량세란 물품의 수량, 즉 개수·용적·중량·길이 등을 과세표준으로 하는 조세를 말한다. 우리나라에서는 대부분이 종가세(advalorem duties)를 적용하고 있으며, 영화필름과 주정 등 일부 품목만이 종량세에 해당된다.

Stale B/L(기간경과선화증권)

신용장상에 서류제시기간이 정해져 있는 경우에는 그 기간내에 운송서류와 금융서류가 지정된 은행이나 매입은행에 제시되어야 하며, 이러한 제시기한이 없는 경우에는 운송일자 후 21일 이내에 서류가 제시되어야 한다. 이럴 경우 21일이 경과되어 발행된 선화증권을 기간경과선화증권이라고 하고, 그러한 서류를 기간경과서류(stale documents)라고 한다.

Stock Sale(재고매매)

재고품을 매매의 대상으로 하여 자기 창고 또는 영업창고 내의 보관, 재고로 되어 있는 상태로 인도하고 일정한 가격이 설정되는 매매이다.

Subrogation(대위)

대위란 말은, 「제3자가 타인의 법률상의 지위에 대신하여 그가 가진 권리를 취득하거나 행사한다」라는 뜻이다. 무역거래에서 대위란 해상보험용어로 사용된다. 보험자가 피보험자의 편의를 위해 보험금을 지급한 경우 보험자가 피보험자의 지위에 대신하여 손해가 발행한 피보험이익에 관하여 제3자에 대하여 소유하고 있던 피보험자의 권리를 취득하게 되는데, 보험자가 취득한 이와 같은 권리를 대위권(right of subrogation)이라고 한다.

Surchange ; Additional Freight (할증운임, 추가요금 또는 할증료)

일반적으로 할인료를 말한다. 해운동맹의 어떤 항로에서는 기본 운임을 개정하기 위해 일정의 예고기간을 설정하지 않으면 안되는데, 운임인상에 시급을 요하는 사태가 발생할 때, 응급조치로 송화인에게 부과하는 할증료를 말한다. 또한 화물의 성질 및 항로의 특수사정에 따라 운송인이 화주인에게 징수하는 할증운임도 이와 같이 부른다.

SWIFT(Society for Worldwide Interbank Financial Telecommunication ; 국제은행간 금융통신망)

국제은행간 서류의 교환절차 및 교환양식의 비표준화로 야기되는 문제점을 제거하기 위하여 1973년 벨지움법에 의해 설립된 은행간 비영리조합으로 국제은행업무의 자동화, 계정조회의 용이화, 통신의 효율화, 표준메세지 개발등의 업무를 수행하고 있으며, 세계적으로 대부분의 은행이 가입하고 있다. 우리나라도 1992년 3월부터 SWIFT system을 설치 운영하고 있으며 SWIFT에 의한 신용장 개설도 이루어지고 있다.

Tale Quale ; TQ

"Such as it is" 또는 "Just as they come"의 뜻으로 곡물류 거래에 있어서 품질을 결정하는 시기를 나타내는 조건인데, 선적시 양호한 상태로 선적되었을 경우에는 그 이후의 선적품에 대한 모든 책임은 매수인이 부담하는 선적품질조건이다. (→ RT)

Tariff Barriers(관세장벽)

국내 산업을 보호하기 위해 관세 조작에 의해 타국상품의 유입을 제한하는 것을 말한다.

Tariffs(관세율, 운임표)

① 관세영역을 출입하는 물품에 대하여 법률이나 조약에 의거하여 부과되는 조세를 말한다.
② 정기선이나 동맹선에서 사용되는 화물의 운임요율을 표로 작성한 것을 말한다.

Telegraphic Transfer ; TT(전신환송금)

외국환 은행이 고객의 의뢰에 따라 해외의 본·지점 또는 거래선 은행으로 하여금 일정 금액을 특정 수취인에게 지급하도록 전신으로 지시하는 송금방식을 말한다.

Tender(국제입찰)

영국이나 영연방국들이 국제입찰을 실시할 때 International Bidding 대신에 Tender란 말을 쓰고 있다.

또한 해운 용어로 비중이 높은 화물의 과적으로 선박의 무게중심이 높아져서 복원력이 떨어진 상태의 선박을 말한다.

Time Charter(기간용선)

선박의 전부 또는 일부를 일정기간 동안 용선하는 것을 말한다. 이 경우 선주는 모두장비를 갖추고 선원이 승선해 있는 선박을 지정된 위치에서 용선주에게 인도한다. 용선자는 약정된 용선료, 연료비, 항비 등의 운항비만을 부담한다.

Trade Terms(무역조건)

정형형화된 물품매매 거래조건은 현재 Incoterms 2010으로 전면 개정되어 11가지 용어로 무역조건을 정의하고 있다. 출발지 조건인 E그룹에 EXW 조건을, 주운임 미지급조건인 F그룹에 FCA, FAS, FOB 조건을, 주운임 지급조건인 C 그룹에 CFR, CIF, CPT, CIP 조건 그리고 도착지 조건인 D 그룹에 DAT, DAP, DDP 조건 등 4개의 큰 그룹으로 구분되어 있다.

Tramper(부정기선)

화물을 따라 수시로 항로를 변경하면서 운항되는 선박을 말한다. 부정기선은 정기선과는 달리 특정 화주의 화물만을 수송하는 것으로, 운송계약은 화주와 선주간에 1톤에 얼마라는 운송계약을 체결하는 것이 일반적이다.

Transit Trade(통과무역)

수출국 화물이 수입국으로 직송되지 않고 제3국을 경유해서 수송될 때 제3국의 입장에서 이것을 통과무역이라 한다. 이 경우 통과국인 제3국으로서는 자국내 통과에 따라 생기는 노무에 관한 보수와 임금 등을 획득하게 된다.

Transhipment(환적)

일단 선적된 화물이 다른 선박 또는 다른 운송수단에 적재될 때를 말한다. 운송경로의 표시에 있어 도중의 환적을 증권면에서 기재한 선화증권을 말한다. 수출상은 화물을 목적지까지 수송시 직항선이 없는 rudd 환적을 허용토록 사전에 수입상과 협의하고 신용장상에 이를 허용토록 명시되어야 한다.

UCP(화환신용장통일규칙 및 관행)

Uniform Customs and Practice for Documentary Credit의 약어로, 화환신용장 통일규칙이라고 한다. 이는 화환신용장에 관한 거래관습의 해석 기준으로 삼고 있다.

Unifom Rules for the Collection ; URC (추심에 관한 통일규칙)

국제상업회의소(ICC)가 1956년 제정, 1967, 1978년에 개정을 거쳐 1996년 세계 각국에서 시행토록 한 추심에 관한 통일규칙은 신용장 거래시 준거규칙에서 삼고 있는 신용장통일규칙(UCP)과 같이 추심어음 결제거래(D/P·D/·A)에서 어음이나 서류의 추심사무를 통일화시킴으로써 무역대금결제를 원활히 하고자 마련한 국제규칙을 말한다.

Unitary Packing(단일포장)

Carton이나 Wooden case 등 한 개의 포장용기 속에 들어갈 각각의 물품을 보호하기 위하여, 여기에 적절한 용도로 용기 또는 재료를 이용하여 포장한느 개개포장을 말한다.

VAT ; Value Added Tax(부가가치세)

재화 또는 용역의 생산 및 유통의 각 단계에서 부가된 가치를 과세대상으로 하여 부과하는 조세이며 최종 소비자가 부담하는 간접세이기 때문에 특별한 경우를 제외하고는 사업자는 부담하지 않는다.

VER ; Voluntary Export Restraint (수출자율규제)

VER이란 수출 Quota의 일종으로, 상대국으로부터 미리 예상되는 수입할당 적용을 피하기 위하여 수출국과 수입국업계의 자율규제를 통해서 수출량을 제한하는 제도를 말한다. 이는 수출입 당사국의 업계 또는 정부의 자율적인 협정에 의하여 실시되어 GATT 규정의 적용이 배치되기 때문에 세계 각국에서 VER에 대한 활용도가 점점 증가하고 있다. 이와 유사한 것으로는 비관세 장벽으로 시장질서 유지협정(orderly marketing arrangement ; OMA)과 함께 "Grey Measure"(회색 수입규제조치)라고도 불린다.

WA ; With Average (단독해손 또는 분손담보조건)

ICC(institute cargo clause ; 협회적화 약관)의 구약관 중 기본약관의 하나로, 신약관인 ICC(B)에 해당된다.

이는 특정 해난 이외의 해난에 기인하는 손해 및 비용(전손, 단독해손, 공동해손, 구조비 등의 해난)에서 발생하는 일체의 손해를 보험자가 전보하는 조건을 말한다. 이는 원칙적으로 보험증권 본문의 면책비율약관의 소손해면책률이 적용되며 일정비율 미만의 작은 손해에 대하여는 전보하지 않는다.

Waiver(국적선불취항증명서)

수출입 화물운송에 자국선을 이용하도록 하는 자국선 보호주의의 한 형태이다. 자국선박이 취항하고 있지 않은 지역 또는 취항중이라도 선적당시 취항선박이 없을 경우 이를 증명하기 위하여 발급하는 증명서를 말한다. 현재 우리나라는 수출입 화물의 종류로서 이 제도를 적용시키고 있다. 따라서 당해 화물에 해당될 경우에는 한국 선주협회를 통해 국적선 불취항증명서를 발급받아야 한다.

Warranty(담보)

보험용어로서 담보를 말한다. 즉 피보험자가 지켜야 할 약속으로서 피보험자가 담보를 위반할 시에는 보험계약을 무효화할 권리를 보험자가 갖는다. 즉 매도인이 매도한 상품의 품질, 특성, 성능 등에 대한 보증책임을 뜻한다. 우리나라는 상사간의 매매의 경우 매수인이 목적물을 수령한 후 지체없이 이를 검사하고 검사결과 발견된 하자를 즉시 매도인에게 통고하지 않으면 매수인이 매도인에게 하자보증 책임을 물을 수 없도록 규정하고 있고, 숨은 하자의 경우에도 6개월로 제한하고 있다.

Wharf(부두)

선박이 안전하게 계유하여 화물 하역이 충분히 이루어질수록 해항에 만들어진 계선 안벽을 말한다.

WTO ; World Trade Organization (세계무역기구)

세계무역기구는 1986년 9월부터 1994년 4월까지 진행된 우루과이 라운드(Uruguay Round)에서 신설하기로 합의하여 1995년 1월부터 정식 출범한 국제무역기구이다.

세계무역기구는 그동안 국제묵역환경을 개선하고 무역자유화를 추진해오던 GATT체제의 한계를 극복하고 보다 효율적으로 국제무역문제에 대처하기 위하여 설립되었다.

WTO는 일반상품뿐만 아니라 서비스교역, 지적재산권, 무역관련투자와 같은 새로운 분야에 대한 규범도 갖추고 있으며, 각국의 무역정책 검토기구와 무역분쟁에 대한 신속하고 강력한 해결기구도 구비하고 있어서, 현재 국제무역질서를 주도적으로 관장해 나가는 유일한 국제무역기구의 역할을 수행하고 있다.

저자약력

유승균

현) 동국대학교 경주캠퍼스 글로벌경제통상학부 교수
    (사)한국관세학회 편집이사
    (사)국제e-비즈니스학회 상임이사

▸ 주요저서
  비교문화경영
  글로벌마케팅
  현대무역학개론
  청년CEO를 위한 무역실무
  국제무역보험의 이해
  글로벌 시대의 전자무역실무
  무역용어로 정복한 무역영어 외 다수

글로벌셀러와 무역

2019년 8월 21일 초판 인쇄
2019년 8월 26일 초판 발행

저　자 | 유승균
발행인 | 최익영
펴낸곳 | 도서출판 책연
주　소 | 인천광역시 부평구 부영로 196
　　　　Tel (02) 2274-4540 | Fax (02) 2274-4542

ISBN 979-11-965715-7-3　93320　　정가 13,000원